BUZZ

© Daniel David, 2024
© Buzz Editora, 2024

Publisher ANDERSON CAVALCANTE
Coordenadora editorial DIANA SZYLIT
Editor-assistente NESTOR TURANO JR.
Analista editorial ÉRIKA TAMASHIRO
Estagiária editorial BEATRIZ FURTADO
Preparação ÉRIKA ALONSO
Revisão JULIAN F. GUIMARÃES E ANGELA DAS NEVES
Projeto gráfico ESTÚDIO GRIFO
Assistente de design JÚLIA FRANÇA
Foto de capa MAURO VOMBE
Fotografias de miolo ACERVO PESSOAL DO AUTOR

Nesta edição, respeitou-se o novo
Acordo Ortográfico da Língua Portuguesa.

Dados Internacionais de Catalogação na Publicação (CIP)
(Câmara Brasileira do Livro, SP, Brasil)

David, Daniel
Zona do impossível: A emocionante trajetória do homem à frente do maior grupo de comunicação de Moçambique/Daniel David; 1ª ed., São Paulo: Buzz Editora, 2024.
176 pp.

ISBN 978-65-5393-334-7

1. David, Daniel, 1966 2. Empresários-Moçambique-Autobiografia 3. Televisão-Moçambique I. Título.

24-201224   CDD-338.04092

Índice para catálogo sistemático:
1. Autoajuda: Empresários: Autobiografia 338.04092

Cibele Maria Dias, Bibliotecária, CRB-8/9427

Todos os direitos reservados à:
Buzz Editora Ltda.
Av. Paulista, 726, Mezanino
CEP 01310-100, São Paulo, SP
[55 11] 4171 2317
www.buzzeditora.com.br

Daniel David

Zona do Impossível

A emocionante trajetória
do homem à frente do maior
grupo de comunicação
de Moçambique

*À minha querida Hélia, em meio às marcas de quarenta anos juntos, minha gratidão transborda por cada momento compartilhado. Seu amor, apoio e companheirismo foram as âncoras que mantiveram nossa jornada tão especial.
Que venham muitos mais anos de risos, aprendizados e memórias preciosas ao seu lado. Obrigado por ser minha metade e minha eterna companheira.*

Às minhas duas filhas, Lara e Sheila, e aos meus netos, Mia e Max. Aos meus pais, Enoque e Inês, que me deram a vida, à minha família, aos meus irmãos, e a todos os colaboradores que percorreram e percorrem esta jornada comigo.

Prefácio, 9
por Flávio Augusto

1. **O SUBTERRÂNEO,** 15

2. **O COLAPSO,** 29

3. **INCONFORMIDADE,** 37

4. *KEEP WALKING*, 55

5. **O IMPOSSÍVEL,** 63

6. **JOGO JUSTO,** 71

7. **ABRINDO CAMINHOS,** 81

8. **BLACKOUT,** 87

9. UBUNTU, 95

10. POSICIONAR PARA VIVER, 103

11. ANTIFRÁGIL, 111

12. INDEPENDÊNCIA OU MORTE, 117

13. LIVRE, 125

14. MAKAGUI, 137

15. RELAÇÕES, 143

16. APRENDIZADO, 149

17. A MISSÃO, 155

PREFÁCIO
Valores: A alma do seu negócio e o seu legado na sociedade

Sem dúvida, é inspirador ver alguém que, partindo de uma origem humilde e enfrentando desafios tão grandes, conseguiu não só superar todas as adversidades, mas também construir um império empresarial. É o caso de Daniel David, empreendedor que fundou o maior grupo de comunicação de Moçambique, a Soico. Sua jornada é um verdadeiro exemplo de determinação, visão e capacidade de transformar sonhos em realidade.

Zona do Impossível é a autobiografia emocionante do homem que ousou desafiar as probabilidades e se recusou a aceitar as limitações impostas pelo seu ambiente. É a história de alguém que acreditou nos próprios sonhos, mesmo quando tudo ao redor parecia indicar o contrário.

Ao longo de sua jornada, Daniel David demonstrou uma incrível resiliência, enfrentando obstáculos que poderiam ter desencorajado muitos outros. Sua história nos lembra que o sucesso envolve bem mais do que talento ou sorte: depende também de uma perseverança constante e de uma vontade inquebrantável de alcançar os objetivos.

Além de seu sucesso empresarial, Daniel mostra neste livro como o impacto positivo na sociedade é importante para ele. Através dos veículos de comunicação do grupo Soico, ele busca promover a informação e a cultura.

Outro aspecto dessa história que merece igual destaque: a religiosidade que guiou cada um de seus passos. Sua crença em algo maior do que ele mesmo, sua confiança na providência divina e sua capacidade de se manter firme mesmo nos momentos mais difíceis são exemplos de força e inspiração para todos nós.

É com respeito e admiração que reconhecemos não apenas as suas conquistas, mas também o seu caráter e sua fé.

Que seu exemplo continue a iluminar o caminho de todos aqueles que buscam realizar seus sonhos, fazer a diferença no mundo e manter sua fé como guia.

Desejo a você uma excelente leitura!

Flávio Augusto
CEO da Wiser Educação

Zona do Impossível

1

O SUBTERRÂNEO

BF 210196. Esse era o número atribuído ao meu contrato assim que cheguei à África do Sul. Com pouco mais de 20 anos, jovem e entusiasmado, eu estava ali para trabalhar nas minas. Tinha saído de Moçambique, país em que vivia numa escassez extrema, e pisar ali era como chegar a El Dorado.

El Dorado. O caminho do ouro. E eu, literalmente, estava nele. As minas de ouro nas quais eu trabalhava pareciam ser a materialização disso. Num momento de grande celebração, contente em poder trabalhar daquela maneira, eu dizia em voz alta "Estou aqui! Tenho meu número!". Não havia dúvidas de que eu tinha sido bem-sucedido. Tinha chegado aonde toda a gente de Moçambique e países vizinhos sonhava estar um dia.

Só que aquele sonho — num piscar de olhos — se tornaria um pesadelo. Assim que cheguei à mina, o número se transformou numa pulseira que eu já não poderia mais tirar. BF 210196. O que era aquilo? Como o risco de morte era muito grande, a pulseira era a garantia de que o corpo seria identificado no caso de um desabamento dentro da mina.

BF 210196. Era meu número de identificação. Olhei para ele, como se estivesse demarcado. Veio um sentimento esquisito que me fez recordar uma sensação de que já não era gente. "Já não sou gente. Sou apenas um objeto de trabalho identificado aqui na cadeia produtiva", pensei.

Tinha nascido, vivido, crescido e, naquele instante, estava reduzido a apenas um número. BF 210196. Ali morria o fator humano. Corpo, espírito, alma. Minha história, meus pais, minha namorada. Não havia forma. Só um número. BF 210196. Senti-me como um gado indo para o matadouro. A morrer sem saber que ia morrer.

*

Uma mina de ouro é como um prédio invertido. São cerca de vinte andares que se estendem para debaixo da terra, como um prédio. Mais profundo que uma cova. Quente como o inferno. Na primeira vez que eu desci, não sabia com detalhes o que me esperava.

Eram três horas da madrugada. Hora em que os negros deveriam descer todos ao mesmo tempo. Os negros só podiam descer na escuridão da noite. A segregação racial era lei. Era o chamado apartheid. Não se discutia isso. Como o dia e a noite não poderiam coexistir, negros e brancos também não deveriam conviver.

Para descer à mina, entrávamos num elevador de três níveis, e ganhava-se uma sensação claustrofóbica, quase incapacitante. Minha ansiedade era tanta que pensei que o ar fosse me escapar. No entanto, eu precisava estar sereno. Precisava me libertar dos meus fantasmas. Não queria parecer um fracote. Não podia exteriorizar nada.

O elevador descia do mesmo modo que num prédio. À saída de cada andar, havia pequenos comboios que percorriam a mina na horizontal, levando do elevador para o interior das galerias. Nos deslocávamos quase trinta minutos na horizontal, dentro daqueles túneis.

Quando cheguei lá embaixo estava à espera de algo assustador, mas, como sempre acontece quando pintamos quadros em nossa imaginação, não era tão ruim quanto eu imaginava em princípio.

A galeria era gigante, iluminada e ventilada. Todos saíram juntos do elevador. Nenhum humor alterado, pareciam pessoas simplesmente preparadas para o trabalho mais insalubre do mundo. Se eu chegava no início da madrugada, meu patrão, branco, descia pelo elevador apenas às nove da manhã. E nada me restava fazer, exceto esperar.

Havia três elevadores para o acesso às galerias. Um deles era exclusivamente dedicado ao transporte de carga. Além desse, a mina contava com outros dois elevadores para o transporte dos trabalhadores. Um, para os negros, tinha três compartimentos, cada qual com capacidade para cerca de trinta pessoas. Outro, menor, era para os grandes chefes, sempre brancos. E era dali que saía meu chefe. Quando ele gritou meu nome, eu disse:

— *Hi boss*.

Num gesto de superioridade, ele me entregava sua mochila, que eu carregava enquanto ele entrava no carrinho elétrico da mina. Eu ia a pé até o local onde faríamos as marcações.

Como assistente de topógrafo, eu não precisava de instrução especial. Mas ao chegarmos juntos à galeria, fiquei assustado. Ali me faltou o ar. Eram estacas de madeira da altura de uma mesa. Elas suportavam a terra. Ou não.

BF 210196. Era meu número de identificação. Se uma daquelas estacas não fosse capaz de suportar o peso da terra enquanto eu, escorregando pela cavidade úmida, fazia as marcações onde meu patrão apontava com as luzes vermelhas, eu seria identificado. Assim, meus pais saberiam meu destino. Já estava debaixo da terra. BF 210196.

O laser mirava, a luz do capacete do homem branco atingia meus olhos, mas não a ponto de me cegar. Ele não sujava a mão. BF 210196. Eu era apenas um número para ele. Negro era ignorante. Era número.

O trabalho, em si, durava pouco tempo, cerca de três horas, no máximo. Entrávamos nas galerias e eu o ajudava a fazer as marcações de onde seriam colocados os explosivos para extração das pedras. Depois, ele regressava à superfície.

E apesar da aparente insignificância que eu tinha em sua vida, eu não sentia raiva dele, que ia embora logo em seguida, enquanto eu ficava ali esperando o elevador dos negros que só subiria cinco horas depois. Sem fazer nada. O ócio dentro de uma mina era tão pesado quanto o trabalho braçal dos mineiros.

À noite, quando não havia gente por perto, é que as equipes de explosão identificavam a marcação e, com máquinas, perfuravam e metiam as dinamites de explosão. Os explosivos eram detonados do exterior da mina. Então, desabavam as paredes subterrâneas que nós tínhamos marcado pela manhã. Dentro de cada negro, no entanto, também havia algo prestes a explodir.

Sabíamos, sentíamos, porém não falávamos. Vivíamos naquele regime como panelas de pressão. Estresse, descontentamento, medos, angústias. O não dito, a violência sofrida, a extrema segregação.

Se no dia seguinte os mineiros recolhiam aquelas pedras todas, em tapetes próprios para isso, não havia nada que pudesse juntar os cacos de quem desmoronava na cama à noite.

Desde sempre tive uma habilidade. Um domínio próprio de tentar ler um contexto e a cada momento ler a inteligência emocional do outro, buscando a proximidade ou a capacidade de ser uma pessoa diferente.

Os negros que iam trabalhar na mina eram negros analfabetos que vinham das zonas rurais do país e eram recrutados. E devido à guerra e à fome que assolavam o país, muitos acreditavam que não havia nada em Moçambique.

Por isso, muitos não entendiam como um negro como eu podia saber ler ou falar inglês. Meu patrão nem suspeitava disso. E não fazia questão de proximidade. Nos primeiros dias éramos como dois estranhos. Ele falava o necessário. E se sentia superior. Estava dentro da lei se sentir assim por ser branco. E, às vezes, o branco não fazia muita coisa. Ficava uns cinco minutos na galeria, sem aguentar o calor. O inferno era para os pretos.

Deitado, depois que ele ia embora, havia dias em que eu entrava numa angústia e desolação violentas. Tinha deixado minha casa, não tinha paz. Vivia melhor onde estava do que onde havia ido parar. Uma das minhas grandes intenções era voltar, mas voltar seria mostrar que eu estava preparado para uma segunda fase da vida. Era completar um ciclo debaixo da terra.

Quando chorava, pensava na inconformidade de que não merecia aquilo. Eu tinha essa pulsão. Sabia que vivíamos uma grande injustiça. Chorei não só nos primeiros dias, como chorei de verdade quando percebi que eu era mais inteligente que meu patrão. Eu sabia mais que o homem branco.

Foi ao longo do tempo, quando vi o trabalho dele, o modo como ele trabalhava, a forma como fazia alguns relatórios, que as fichas foram caindo. Até que certo dia o elevador quebrou, e ele se sentou ao meu lado para fazer seu relatório. De repente me lançou uma pergunta, em tom de afirmação.

— Você veio de Moçambique.

Fiz sinal afirmativo com a cabeça.

— Vocês falam inglês em Moçambique?

— Sim, eu estudei — respondi.

— Ah, você sabe escrever...

— Sim, sei escrever — afirmei.

E começamos a interagir. Eu tomava cuidado com as palavras, mas pouco a pouco ia dando o contexto de como era a vida em Moçambique. No dia seguinte levei fotos de minha casa. Ele bateu o olho no quintal, nos meus amigos de cor branca e ficou assustado. Ficou calado. Uma semana sem me dirigir a palavra. Parecia em choque.

Pensei ter perdido sua confiança, avançado um sinal. Mas ele estava digerindo tudo aquilo. E, por sorte, teríamos outra oportunidade de interação. Certa manhã, quando ele me deu sua mochila, seu capacete caiu no chão com o livro e eu vi suas anotações. Em particular, seus cálculos. Tomei fôlego. Tinha de ser preciso sem deixá-lo constrangido.

— Podemos mudar as estratégias de como está fazendo os cálculos. Poderíamos facilitar.

Ele ficou surpreso.

— Você sabe matemática?

Contei que sabia elaborar fórmulas matemáticas e que criara uma fórmula um pouco mais complexa do que a que ele havia feito. Não era no intuito de me gabar, e, sim, para oferecer uma ajuda.

— Sabe escrever e domina matemática — ele parecia pensar em voz alta.

Ficou alguns segundos sem dizer nada, até que soltou:

— Pode explicar ao meu filho?

Aquela situação era incomum. Ensinar algo ao filho dele significava sair da mina e ir à casa dele. Um branco. Eu não era mais apenas o BF 210196. Eu era gente.

*

BF 210196.

Saí da mina no dia combinado e ainda era um número. Um número porque precisava ser transportado feito um pacote dentro do porta-malas do meu chefe branco. Ninguém podia ver um negro e um branco juntos dentro de um carro.

Chegar à casa dele era participar de uma atividade subversiva e perigosa. Estávamos fazendo algo proibido. E éramos cúmplices daquele ato. Apenas quando ele estacionava o carro dentro da garagem, eu saía de dentro do porta-malas e entrava na casa.

Da primeira vez, sua mulher não me olhou na cara. Mas seu filho não achou tão estranho assim o fato de um negro ensinar algo a ele. Era um menino de 8 anos. Crianças não nascem com os preconceitos de adultos, embora a lei fizesse todos entenderem o certo e o errado. E aquilo era contra a lei. Éramos foras da lei.

Os dias se passaram, e sua mulher servia comida para o menino, mas não me lançava qualquer olhar. Para entender o contexto dessa época, vou contar um pouco, desde o começo.

No regime de segregação racial, o branco não se misturava com o negro. O negro não circulava nas zonas residenciais dos brancos, a não ser que fosse um empregado. Havia, a essa altura, uma intolerância muito grande, que só começou a diminuir depois, com as mudanças que aconteceram mais tarde na África do Sul, com a libertação de Nelson Mandela que se tornou seu presidente.

Na África do Sul, o governo racial branco havia dividido os negros de acordo com sua tribo: os bassuto falavam sutho; os bakhosa, o khosa; os zulu, o zulu, e assim por diante. Havia na África do Sul cerca de vinte línguas e tribos diferentes. O governo do apartheid dividia os falantes de cada língua em bantustões. Uma pessoa, para sair de uma região para outra, tinha de ter um documento de identificação daquele Estado. Essa era a base da separação e da segregação entre os negros.

A rivalidade era acelerada e até induzida pelas autoridades; para o governo, quanto mais divisão, melhor. Para os sul-africanos educados no regime do apartheid, porém, pessoas pertencentes a diferentes identidades culturais não podiam coexistir, viver misturadas e de maneira pacífica. Desde pequenos, aprendiam que cada grupo étnico tinha o seu território, a sua língua, a sua cultura, o seu passaporte e o seu rei.

Por causa do sistema do apartheid, as pessoas interpretavam que os outros países funcionavam da mesma forma. Elas não concebiam que podíamos ser iguais, por causa do sistema repressivo, retrógrado e opressivo demais que havia na África do Sul, entre brancos e negros.

Nós, moçambicanos jovens da cidade, nos distinguíamos dos mineiros antigos em quase tudo. Não apenas por saber falar, ler e escrever. Mas pelo mais importante: nós tínhamos consciência daquela situação. Não éramos simples máquinas de extrair ouro. E, aos poucos, a esposa do meu chefe começou a entender isso, me enxergando de outra maneira.

Ao mesmo tempo, como sempre fui uma pessoa que mesmo nas piores condições possíveis tentei fazer meu melhor, era nítido que meu comportamento contrastava com o dos demais.

Negros eram vistos como pessoas violentas. E embora os sul-africanos fossem intolerantes, eu sabia que eles só agiam como agiam porque o mundo também era intolerante com eles. Imagine viver num país cujo sistema o faz se sentir a escória do mundo. Ter que passar por situações degradantes e desumanas. E, ainda assim, abaixar a cabeça para tudo e para todos.

Por isso não era de se espantar que explodissem entre eles mesmos. Se brigassem, eles marcavam um duelo em que poderiam até se matar. E eu via cabeças cortadas entre negros em batalhas sanguinolentas que mais pareciam um filme de ficção. A história era simples: brancos segregavam os negros, criavam atritos entre eles e deixavam que se matassem para depois dizer que eram animais.

Por essa razão, dentro de todo esse contexto, quanto mais a pessoa tivesse como fugir da chuva sem se molhar, melhor. Porque, se caísse uma pedra no pé do outro, a briga era certa. E era nesses momentos que eu via o cuidado que precisava ter com a vida. A vida humana não tinha valor. Eu só tinha um número.

A sensação de poder morrer a qualquer momento estava presente o tempo todo. Porém existia um motivo para eu resistir. Um único motivo pelo qual eu insistia em ser um número. Mesmo que temporariamente. Existia um alguém. E este alguém não me via como um número. Via-me como um ser humano único.

*

Eu e a Hélia tínhamos começado a namorar antes que eu partisse para a África do Sul. E nos dias mais tristes, eu não perdia a ligação com ela. A Hélia não tinha telefone em casa, e eu usava um telefone público. Por isso, eu marcava para ligar num certo dia e numa certa hora. E como eu marcava esse dia? Eu escrevia a ela uma carta e dizia que em vinte dias ligaria. Sabia que ela receberia a carta em determinada data e ficava com o calendário em mãos para telefonar na data agendada.

Ela tinha que se deslocar quase três quilômetros até a casa da família Combelane, no bairro da Polana, próximo à maternidade do Hospital Central de Maputo. Os Combelane eram um casal que rezava na nossa igreja, pessoas que tinham telefone em casa. A Hélia ficava à espera de que o aparelho tocasse. Quando eu conseguia estabelecer o contato, nos falávamos.

A nossa ligação era também alimentada através de cartas. E como eu não sabia criar poesias, escrevia letras de músicas do Roberto Carlos, que já era muito conhecido em Moçambique naquela época. E quando eu estava no quarto com os demais trabalhadores da mina, que mais parecia um quartel, vinha uma consciência súbita, uma saudade. Doía.

Eu olhava e falava "Isso não é para mim". Queria arrancar fora meu coração. Mas eu sabia como podia suportar aquilo. Eu sabia qual era a força interna que me faria seguir adiante. Meu objetivo maior era voltar ao meu país. Encontrar minha namorada e agregar algum valor à vida que iríamos construir juntos.

Hoje vejo pessoas que passam por momentos de escuridão e digo com toda certeza: para atravessar esses momentos deve existir algo muito forte. Caso contrário, a pessoa desiste.

Depois de seis meses trabalhando a pessoa tinha direito a quinze dias para visitar a família. Eu preferiria completar um ano e ficar trinta dias. No entanto, havia coisas que eu não conseguia explicar. Era muito doloroso. Uma pessoa tão jovem passar por coisas indescritíveis como passei.

Hoje vejo pessoas que passam por momentos de escuridão e digo com toda certeza: para atravessar esses momentos deve existir algo muito forte. Caso contrário, a pessoa desiste.

— **Daniel David** —

Houve dias terríveis que deixaram marcas muito profundas. E não eram todos que conseguiam digerir as emoções acumuladas. Numa sociedade violenta, muitos enlouquecem. Tem que ter cuidado toda hora, porque o acúmulo de estresse pode colocar tudo a perder.

Tive uma experiência que me deu o que eu chamo de um dos momentos mais complicados da minha vida e hoje sei que, se passei por aquilo, não há nada mais que possa me abater. Sou capaz de ir para onde eu quiser.

Só que todo moçambicano lutava para ir à mina; sofríamos, mas voltávamos com algo. E eu, como todos os outros, levei muitas coisas que comprei. Trouxe de comboio até a casa de meu pai, em Ressano Garcia, as coisas que conseguira juntar com o dinheiro conquistado nas minas. Fiquei em casa alguns dias. A minha mãe tinha chegado de Maputo e estava lá para me receber. Dias depois, na companhia dela, meti as coisas no comboio em Ressano Garcia com destino à estação da Machava, na Matola.

No destino, aluguei uma van para transportar as coisas da estação até à casa da família na Matola, onde nos aguardavam os meus irmãos. Quando chegamos, num sábado, final do dia, chuviscava. Desci da van, meus irmãos estavam entusiasmados, vieram me abraçar e me levaram para dentro de casa. "Mano, mano..."

O motorista percebeu aquela euforia e aproveitou para ir embora, levando tudo o que era produto do meu trabalho durante mais de um ano na África do Sul. Só fiquei, no final, com a roupa que trazia no corpo. Tudo foi embora. A minha mãe chorou. Os meus irmãos ficaram em estado de choque. Eu não chorei. Pode parecer estranho, mas fiquei calmo.

Eu tinha ainda algum dinheiro, a parte que a empresa na África do Sul transfere para o país de origem dos mineiros, que recebem o pagamento na moeda local. Tudo o que recebi, porém, dei aos meus pais.

No dia seguinte, domingo, eu propusera-me fazer uma surpresa à Hélia, na igreja de são Cipriano do Chamanculo, onde sabia que ela estaria assistindo à missa, que começava às 9 horas da manhã. Fui ao encontro dela, porém com medo de não ser compreendido. Como justificaria aquilo tudo? Voltar de mãos abanando?

Talvez ela fosse se sentir constrangida, ou não acreditasse que eu tinha perdido tudo o que havia trazido. As únicas testemunhas eram os meus pais, que me haviam recebido em Ressano Garcia e, quando apanhamos o comboio para Maputo, viram tudo o que eu trazia. Os meus irmãos também tinham me visto chegar na van cheia de coisas. Mas ela não, e eu me perguntava: "Será que ela vai acreditar e aceitar que eu tenha ficado de mãos vazias?".

Sentei-me no banco de trás. Depois da missa, ela me viu... Caiu nos meus braços. Então compartilhei com ela o que havia acontecido. "Vim agora de férias, mas estou com um problema", eu disse. Contei-lhe a história de como havia perdido tudo.

Então, em vez de ficar chocada com o que havia acontecido, ela disse uma coisa muito impactante, que me marcou bastante: "Não se perdeu nada. Se estás aqui, então não se perdeu nada".

Naquele instante algo despertou em mim: o valor da desmaterialização. A riqueza é aquilo que nós somos. Uma pessoa é rica por aquilo que é. Caso perca alguma coisa, conquiste de novo. Uma pessoa que é rica por aquilo que tem, caso perca, não conquista de novo. Cai no colapso.

Aquele foi um momento muito importante. Renovou as minhas forças e a minha esperança. Fez-me acreditar que a minha riqueza está em mim próprio, naquilo que eu sou, e não nos bens que possuo. Hoje tenho casa, empresa, mas, se perder tudo isso, já não sofro. Tenho a certeza de que poderei conquistar tudo e muito mais.

BF 210196. Já não sou um número.

2

O COLAPSO

Um ano antes...
Nu. Eu estava despido, como todos os outros homens. No entanto, sentia que não me arrancavam apenas a roupa. Arrancavam, com ela, minha dignidade e tudo o que eu tinha construído até então. Estava vazio, como se precisasse esgotar a mim mesmo antes de seguir em frente.

No centro de recrutamento sul-africano da Wenela em Ressano Garcia, uma vila fronteiriça onde meus pais moravam, a cerca de 100 quilômetros da capital, onde todos os futuros mineiros seriam analisados, começou o que eu chamava de processo de arrependimento. Eu sabia que não voltaria atrás em minha decisão, que iria enfrentar e vencer tudo o que viesse pela frente, mas aquele instante seria um divisor de águas.

Todos os homens que chegavam ali tinham que se despir, juntos, e um pseudomédico branco nos olhava e nos tocava com uma vareta, como se nos analisasse por inteiro. Era um processo muito humilhante pelo qual eu jamais tinha imaginado passar. Sentia-me como um animal qualquer.

Nessas horas eu fechava os olhos e tentava me recordar de algo que me fizesse enfrentar aquela situação. Eu já estava ali. Não tinha como retroceder. Mas um filme passava pela minha mente. Nele, a protagonista sempre foi ela.

*

Desde cedo, por influência de meus pais, me envolvi com as atividades da Igreja Anglicana. Era uma atividade que me dava prazer, me fazia sentir vivo e útil. E de tanto esforço e empenho, eu era reconhecido como uma figura de liderança. Além de catequista, assumia a presidência da Juventude Anglicana.

No entanto, confesso que, quando jovem, um dos fatores que me estimularam ainda mais a estar perto de Deus, além de servir, era uma fagulha no coração que senti quando vi Hélia pela primeira vez. Aquele sentimento era inédito, e assim que bati o olho naquela moça reservada, de cabelos curtos e jeito simples, sabia que não haveria mais nada que ocupasse minha mente.

Eu estava apaixonado.

E como todo homem apaixonado, eu não sabia o que fazer para conquistar a mulher amada. Tinha medo de colocar tudo a perder. Por isso, usava meu primo como escudo e flecha ao mesmo tempo. Era ele quem lançava algumas sementes no campo para ver se ele estava fértil. E ao seu lado eu inventava mil e uma maneiras de me aproximar daquela moça gentil.

Sofria como um adolescente com medo de não ser correspondido, e aquilo me fazia mal. Não tinha coragem de expressar meu desejo ou dizer a ela como era importante para mim. Corroía-me por dentro saber que poderia perdê-la para outro qualquer.

A minha igreja era na Matola, onde eu morava, e ela estava em Maputo, e no dia em que soubemos que haveria a cerimônia de celebração do padroeiro da Matola, são Marcos, decidi que só chamaríamos o grupo da igreja dela para participar da festa. A distância era de aproximadamente quinze quilômetros. E como não havia vans que os levasse de volta, fizemos companhia para levá-los. Ao seu lado, meus pés não doíam e eu nem sequer sentia cansaço. Poderia caminhar o dobro. Parecia estar andando em nuvens ao seu lado. Quando trocamos algumas palavras, eu já tinha certeza do que queria.

Eu e Hélia tínhamos algo em comum. O mesmo sentimento nos tocava sem que nos tocássemos. E as trocas de olhares diziam isso sem dizer. Era como se a cada vez que nossos olhares se cruzavam, uma nova conexão se estabelecesse. A sintonia ia evoluindo como uma dança. Estávamos juntos sem falar que estávamos. Assumimos a condição amorosa que nos unia, mas sem verbalizar que ali existia um laço. Era uma forma de tratamento diferente, um cuidado, um lanche preparado com carinho. Nesses termos, a história foi ganhando um novo contorno.

Era uma relação clássica onde gestos e olhares diziam mais do que palavras. E embora nada fosse dito, não havia mais dúvidas de que estávamos juntos. Até o dia em que a convidei para ir ao cinema. Fomos justamente assistir a um filme indiano que abordava uma história de amor e de muita beleza. As cenas traziam uma sensação de que o amor romântico sempre prevaleceria, que a vida seria mais forte com um amor ao lado. E, assim, aquela cena nos inspirou em alguns segundos que deixei o medo de lado e me apaixonei mais por ela.

Assim, o beijo sagrado aconteceu fora das telas. Aquele selar de uma união mudaria o resto da minha vida. A partir de então, sempre que ela saía de casa para me encontrar, lá estava eu — a cem metros de distância — à sua espera.

Mantivemos uma relação que foi se construindo e fortalecendo cada vez mais. E conforme nossa união se fortalecia, o desejo de ir para a África do Sul se tornava o único meio de trazer o melhor para ela e podermos construir uma vida. Forte, confiante e segura, ela entendia meus sonhos. E quando completei o nono ano, o governo escolheu o que eu iria estudar. Sem que eu tivesse escolha. Professor.

Ocorre que isso implicaria sair da cidade. E tudo o que eu não queria era ficar longe da Hélia. Foi assim que, aos 16 anos, fui fazer barulho para continuar na cidade. Consegui, porém, ser designado a estudar educação física. E eu não gostava de educação física. Eu me sentia frustrado, triste e ela acompanhava de perto minha indignação. "Vou acordar para ir saltar?", eu dizia desmotivado. Queria um desafio maior. Algo que me preenchesse, um propósito de alma que me fizesse ter forças.

Hélia tinha calma e serenidade diante da situação, mas sabia que eu não toleraria por muito tempo aquele turbilhão de emoções. Não há nada pior para um homem do que ser obrigado a fazer todos os dias uma atividade que não lhe dá prazer ou motivação. E eu me via caminhando sem minha alma colada ao corpo. Era um descontentamento forte que se acumulava dia após dia, sem que eu tomasse qualquer resolução. Mesmo assim, segui como professor de educação física.

Ao mesmo tempo, acompanhava a luta não só da minha, como de todas as famílias da região. Era um desespero assustador. Minha família ainda se abastecia daquilo que colhia em nossas plantações. Por isso não passávamos fome, mas assim como todos, lutávamos. Se cada família tinha direito a um quilo de carne, a fila que se formava para conseguir aquele quilo era assombrosa. Dois dias ininterruptos para conseguir alguns bifes que não durariam tanto tempo.

Existiam algumas lojas onde podíamos nos abastecer com um pouco de arroz, e nas prateleiras não víamos mais nada. Era uma escassez que me deixava sem esperanças no futuro. Comprar peixe e carne era uma luta titânica. E as únicas coisas que havia em excesso eram repolho e farinha amarela. Por isso, o sofrimento só aumentava. Ver o que eu via e sentir o que sentia me fazia entender que naquele lugar não havia muitas perspectivas.

Estávamos em 1982. Faltava comida, transporte, e a crise econômica e social era indiscutível. Havia ainda o bloqueio econômico mundial, feito pelos países ocidentais, que não queriam que Moçambique fosse um país socialista. Decorria da Guerra Fria, entre a União Soviética e os países ocidentais, liderados pelos Estados Unidos. Depois que terminou a guerra pela independência, começou a Guerra dos Dezesseis Anos, que teve o apoio do regime do apartheid da África do Sul. Durante essa luta para desestabilizar Moçambique, as condições de vida pioraram ainda mais.

Para tentar driblar aquele desconforto com tudo, eu tentava modificar minha situação. Transformava as adversidades em oportunidades. Me dediquei ao curso com mais afinco e busquei dar o meu melhor. No íntimo, quem me conhecia era Hélia, que sabia o quanto aquilo custava para minha alma, que sangrava de descontentamento. Tudo o que faltava fora, faltava também dentro de mim. O combustível para ir em frente, para lutar. Eu tinha apenas convicção de que ali não conseguiria prosperar e ter o que precisava.

Aquele drama se estendia, e eu enxergava a falta de perspectiva no olhar de todos os que moravam por perto. Eu decidi ir para a África do Sul convicto de que teria um futuro melhor. Não havia nenhum moçambicano que não sentisse a pobreza na pele. Isso me faria me movimentar de um lugar ao outro. Era um sonho de que iríamos conquistar algo. Sofrer por um sonho dourado. Por qualquer coisa que parecia ser melhor do que tínhamos lá. Eu sonhava com uma vida diferenciada.

A mão de obra moçambicana era barata, e o Banco Central lucrava com isso. Éramos como moedas de troca. Lancei-me na aventura de ir para a África do Sul, sem saber o que me esperava. Poderia construir algo para nossas vidas. Ao chegar lá, senti aquilo que era inominável. A dor da distância. A ausência. Era indescritível.

*

Abri os olhos. Ainda estava nu. O homem branco me tocava com uma vareta como se me açoitasse. O que era aquilo? Eu não sabia que só voltaria a falar com a Hélia ao telefone um mês depois e que não teria força ou coragem de dizer o que havia passado. Não sabia que choraria durante duas horas seguidas depois de desligar o telefone porque não tinha coragem de contar as angústias e as humilhações. Não sabia que sentiria uma saudade que me faria arder o peito.

E enquanto ela acreditava que podíamos viver com o que tínhamos, eu ambicionava uma nova vida. Sem saber que um ano depois eu perderia tudo. Sem saber que tudo o que eu perderia não teria importância. Sem saber que eu ainda não tinha consciência de que, embora cada coisa que comprasse tivesse um valor sentimental, nada daquilo valia mais do que a palavra da Hélia me dizendo que eu podia ficar em Moçambique.

Um ano depois da humilhação de ser revistado nu, veria meu futuro ser roubado, mais uma vez. Ficaria nu, mas daquela vez com as roupas do corpo. Só que sentindo a mesma sensação de colapso interno. De não ter nada que me pertencia. Era dentro daquele contexto que o amor de Hélia me bastava. E me preenchia por completo. O nome Hélia significa "Sol". E mesmo que eu não soubesse disso na época, minha vida já girava em torno dela.

3

INCONFORMIDADE

Nelson Mandela dizia que tudo parece impossível até que seja feito. Eu estou de acordo com essa frase. Por essa razão, sempre trabalhei na Zona do Impossível, um lugar que pode ser classificado como "encantado" — e alguns até diriam que seria uma ficção vinda direto das séries norte-americanas. Por parecer tão inacessível ao olhar de uma pessoa comum, quem atinge aquele marco ganha ares de "titã", graças ao esforço extraordinário de chegar aonde ninguém mais chegou.

E sem querer parecer pretensioso, aqui estou eu enquanto escrevo este livro. Um pobre mineiro que nasceu de uma família com nove filhos, na qual se dividia tudo. Que cresceu fazendo o possível e o impossível para ganhar a vida — até se tornar o fundador da maior emissora de TV de Moçambique. Claro que esse homem que foi capaz de fundar uma emissora não nasceu com a coragem do acaso. Eu tinha ingredientes que temperavam meu comportamento a todo instante e me faziam crer que eu chegaria mais longe do que poderiam imaginar.

Eu era inconformado. E só os inconformados podem questionar tudo aquilo que está diante de si. Por inconformidade, mudamos a realidade. Mas, acima de tudo, eu tinha fé. Uma fé daquelas que não se enxerga quando se está de joelhos diante de um pedido. Uma fé daquelas que o indivíduo tem, princi-

Eu era inconformado.
E só os inconformados
podem questionar tudo
aquilo que está diante
de si. Por inconformidade,
mudamos a realidade.
Mas, acima de tudo,
eu tinha fé.

— **Daniel David** —

palmente, quando não existe mais nada diante de si. Quando acabam as esperanças, ou quando a trilha a ser percorrida não traz qualquer rastro para que possamos seguir os passos de alguém.

Uma fé que potencializa resultados. A única fé possível: a de acreditar em si mesmo quando ninguém mais acredita. Só que chegar a esse patamar exigiu de mim certas concessões. E é delas que vou falar agora. Todo mundo precisa entender que o caminho de quem chega ao topo é formado por uma conjunção de fatores, que somente quando olhamos para trás, é que vamos ligando os pontos e entendendo como foi costurada tal trajetória.

Eu estava inconformado desde criança. Quando era obrigado a digerir coisas que não queria ver. Quando observava, sobretudo, a minha mãe lidando com a plantação. Seu suor, seu cansaço, sua ausência de brilho quando se prostrava na cama após um exaustivo dia de trabalho, mas sua intensa capacidade de fazer que todos se levantassem no dia seguinte para realizar as mesmas tarefas. Por que uma pessoa precisava sofrer tanto?

Dormia num quarto com os meus irmãos enquanto as meninas dormiam em outro. Éramos nove ao todo. E aqui não vou romantizar o trabalho infantil ao qual eu me submetia para que tivéssemos algum sustento. Eu me metia nas plantações para ajudar meus pais. Mas foi ali, bem ali, que nossa infância foi roubada. Onde os sonhos — tão grandes que a imaginação infantil pode conceber — se perdiam. Não viravam sementes. Eram praticamente enterrados com a esperança de um dia ter uma vida melhor.

Apesar de todo o sofrimento latente, eu sabia que aquela inconformidade de ver meus pais sendo tudo aquilo que eram — por nós — me trazia uma força que um dia se deslocaria para outro lugar. Para agir em busca de algo que eu ainda nem sabia que existia. Na plantação em que trabalhávamos para nosso sustento havia um pouco de tudo. Não era fácil recolher e vender no mercado aquele tanto de coisas, mas sabíamos da nossa responsabilidade.

Crianças responsáveis. Foi o que nos tornamos. Adultos antes do tempo. E essa responsabilidade era determinante para que entregássemos ao meu pai os relatórios de tudo aquilo que fazíamos em sua ausência, quando ele estava fora de casa trabalhando.

Eu escrevia detalhadamente o que fazia. Desde o horário em que levantava, escovava os dentes, até a hora em que ia dormir. E quando lia aquilo, muitas vezes via uma vida que não trazia tantas alegrias. Era uma vida de disciplina que forjava um adulto que cobraria muito mais de si do que dos outros.

Era uma vida que faltava muito. Faltava mais do que sobrava. Tudo isso me esgotava. E em determinados momentos, quando o sol ia embora e as estrelas marcavam o céu, eu fazia uma retrospectiva do dia e pensava "Isso não é para mim". O sofrimento e a luta de minha mãe me chocavam. O trabalho incansável dela na plantação era louvável, mas sacrificante para trazer comida para todas as crianças da casa. Não era justo. Eu estava inconformado.

Então, quando conheci a Hélia, sabia que não teríamos a mesma vida de privações. Eu queria uma vida melhor para nós. Um futuro digno. Talvez por isso, quando retornei das minas onde trabalhei, soube que poderia recomeçar. E a oportunidade nasceu num negócio familiar em que passei a trabalhar como caixa.

Enquanto todos queriam ir para a África do Sul, lugar onde eu permanecera durante um ano, lá estava eu, como caixa de restaurante. Muitas vezes ouvindo a mesma pergunta:

— Como você, tendo estudo, vai trabalhar como caixa de restaurante?

Em vez de me sentir envergonhado, eu sorria, sabendo que estava levando o sustento para casa de maneira honesta. E tinha plena convicção de que não ficaria parado. Começar do zero era uma opção que me fazia querer continuar e aprimorar a mim mesmo.

Lá estava eu, naquele mesmo caixa, quando ouvi rumores de que haviam aberto vagas para uma televisão experimental de Moçambique. Era um projeto tímido de uma emissora de tv que acabava de ser lançado pelo governo. Quando a TVE começou, não era bem formada como empresa, jurídica e organicamente. Tratava-se apenas de um braço do Estado. Tinha uma antena no prédio da revista *Tempo*, e as emissões iam ao ar somente aos domingos.

A programação era feita de desenhos animados, um telejornal, assim como documentários e filmes, cedidos principalmente pelas embaixadas do bloco socialista, sediadas em Maputo.

Naquela época, só quem tinha muito dinheiro possuía TV. Era pouca gente. E era preciso uma antena muito grande, para apanhar o sinal da África do Sul, porque até então em Moçambique não havia TV local alguma, nem retransmissão.

E lá fui eu bater à porta da emissora. Queria tentar a sorte como repórter. Mas o chefe de redação me deu um banho de água fria. Dizia-me que eu não "dava para repórter". Enquanto me sentia diminuído, excluído e frustrado, esperando que ele dissesse "vá para sua casa", ele veio com uma nova afirmativa:

— Talvez você se encaixe em outra área.

Era como uma amplitude térmica. Daquele extremo frio, um quente nascia em meu peito. E eu sorri, esperançoso com a oportunidade enquanto ele fazia uma ligação breve para outra área. Embora eu tenha sido admitido para algo administrativo, que sabia ser um trabalho braçal, imaginava que, estando ali, eu conseguiria galgar novas oportunidades.

Só que o dia a dia era penoso. Sem qualquer trabalho intelectual, eu frequentemente me lembrava daqueles dias debaixo da terra nas minas, onde fazia apenas o trabalho braçal por ser considerado menor que os demais. Hoje entendo que, mesmo quando nos frustramos com a posição que nos é designada, podemos adotar uma postura interna de fazermos o melhor mesmo nas piores condições em que estamos, e foi assim que atuei a partir de então.

Na minha mente, eu sabia que iria fazer o melhor nas piores condições que tinha. E usando esse princípio eu sabia fazer o melhor, tentando agregar valor mesmo quando servia um café. Eu sabia que não estava apenas servindo um café: estava servindo um produto que trazia bem-estar.

Ao longo dos dias eu ia dando o meu melhor. Chegava cedo, e embora não tivesse sequer uma cadeira onde pudesse trabalhar, fazia um pouco de tudo. Eu estava sempre disponível para o que fosse preciso. E aos poucos minha presença começou a ganhar notoriedade. Eu não tinha nada, mas acreditava que estava a caminho de chegar a algum lugar.

E aproveitei essas fragilidades de um sistema que se desconhecia frágil para conseguir chegar a alguma posição. De ocupar os espaços vazios. Fazer para além daquilo que me pediam. E quando percebia que havia algo a fazer, eu fazia. Eu ocupava esse espaço.

Costumo dizer que, quando damos nosso melhor, sempre existirá alguém prestigiando aquilo que não sabíamos que tinha tanto valor. E essa pessoa era o nosso diretor-geral, Botelho Moniz, que me notava além do que eu estava designado a fazer. Foi ele quem notou pela primeira vez a minha luz.

O mais importante é que meu trabalho não ofuscava a luz dele, e, sim, fazia-o brilhar mais. Eu entendia isso como poucos. Numa equipe, quanto mais você consegue levantar aquele que lidera, mais se destaca. E como ele não se expunha, ele me deixava aparecer quando pretendia que minha atuação fosse diante dos demais.

Foi assim que comecei a viajar e ser visto e ouvido pelas demais pessoas. Eu fazia isso sem apagar o brilho dele. Como ocupava espaços vazios, entendendo que eram espaços, não tirava o lugar de ninguém, nem puxava tapete de quem estava em qualquer posição. Com o passar do tempo, ele foi me dando espaço, confiando em mim até chegar ao ponto de começar a me dar promoções significativas.

E isso me trouxe mais atribuições. Além do trabalho administrativo, comecei a incorporar à minha rotina o contato mais assíduo com o Banco de Moçambique, com o Tesouro e com o Ministério do Comércio, para tratar do expediente relacionado com o desembaraço de documentos nas alfândegas, que visavam a facilitar a importação dos equipamentos da TVE.

Não demorou para que eu me tornasse responsável por toda a área e pela relação com embaixadas e agências de cooperação. E enquanto as novelas da TV Globo começavam a ser transmitidas aos poucos, havia um processo até a chegada do material, com o qual eu estava envolvido dos pés à cabeça. Quem diria que aquele jovem estagiário subiria tanto de posição.

Eu deixava de ser o moço que servia o café e começava a acompanhar todo o processo de compras em nível nacional e internacional. E essa foi uma virada de chave na minha carreira. Eu via que era uma grande oportunidade para agregar valor e ser uma pessoa diferente e importante dentro da instituição, onde ganhava cada dia mais confiança, autoestima e acabava ocupando uma área que ninguém via como importante. Lá estava eu, preparado para fazer coisas que eram únicas.

Quando chegou a oportunidade de a emissora fazer uma reforma de equipamentos, eu conhecia o básico de expediente e me tornei imprescindível dentro do processo. Foi assim que, em junho de 1990, fui me inscrever para participar de um curso de comércio internacional, promovido pelo Ministério do Comércio de Moçambique e pela Organização Internacional do Comércio (OIC). Desse modo, aos poucos também fui ganhando espaço na área de importação.

E como eu era ágil em identificar as demandas, passei a fazer o *procurement*, a cotação em várias empresas para escolher os produtos de melhor preço, qualidade e entrega. Todo o processo de compras, em nível nacional e, principalmente, internacional, era feito por mim.

Vez ou outra me lembrava daqueles relatórios feitos pelo meu chefe na mina de ouro onde havia trabalhado. Aquilo nem era tão complexo e, ainda por cima, era muito mais agradável.

Minha viagem para as feiras de equipamentos fazia meus olhos brilharem. Eu conversava com as pessoas interessadas como se efetivamente tivesse todo o conhecimento técnico. Mas era a vontade de saber mais. Faminto por novidades, eu sabia o quão importante seria para a televisão que estivéssemos naqueles contextos. Trazia sempre novas referências e estava ávido por inovação.

Eu era um leitor voraz e conceitualmente entendia o que a tecnologia poderia agregar e fazer. E ao ler muito sobre tudo e ter uma visão geral das coisas, quando ia à feira, interagia com todos. Captava as sutilezas do negócio, conseguia ter uma visão global e ainda sustentava meus argumentos e fundamentava minha retórica. Eu interligava todos os pontos e tudo fazia sentido.

Além de fundamentar, fazia que quem estivesse de fora percebesse que eu estava dois passos à frente no tempo. Eu era um apaixonado. E quando me entrego a alguma coisa, me entrego muito. Não para ser mais um, mas para ser único. Era a Zona do Impossível, e ali não havia concorrência.

Lia revistas, falava com pessoas e sabia, através do dia a dia, coisas que não se aprende na faculdade. Isso faz total diferença para mim. As câmeras ainda eram em preto e branco, e a ideia era melhorar a qualidade dos equipamentos. Para isso, precisávamos de apoio internacional. Tínhamos os italianos ao nosso lado, mas precisávamos de financiamento, sobretudo de japoneses e alemães.

Foi aí que aconteceu algo que até então parecia impossível. O Ministério da Informação, que tutelava a televisão, montou uma delegação para negociar o relacionamento com o governo português na área de mídias — a Comissão Mista Moçambique-Portugal. E fui escolhido como representante do setor de comunicação social.

Mais uma vez, sabia ocupar os espaços vazios. E mesmo sem saber onde me metia, me relacionava bem com cada pessoa que estivesse diante de mim, criando laços, trazendo uma imagem de credibilidade — sem nem saber o que significava essa palavra e como ela seria importante para mim num futuro próximo.

Percebi, sobretudo, que criar conexões reais era o que eu mais tinha de valor. Essas relações eram o ativo mais valioso que eu conquistava dia após dia. Todas as pessoas com as quais interagia e negociava seriam as mesmas que me dariam oportunidades posteriormente, confiando na minha integridade.

Na sua vida você sempre terá oportunidades de criar relacionamentos de valor, pois estes ativos trazem inúmeros benefícios sem que você perceba, ao longo da sua carreira. A maneira como eu fazia relacionamentos ajudava a emissora a crescer, já que eu utilizava as relações como combustível para o coletivo, e não apenas para o individual, então a relação era de "ganha-ganha". E é dessa forma que você pode se posicionar, sempre pensando no coletivo.

Eu me dedicava de corpo e alma à empresa. Era aquele que estava sempre a postos. E, além de tudo, uma pessoa confiável. Nesse trabalho, saiu um memorando em que o governo português se comprometeu com investimento para apoiar a comunicação social, principalmente da televisão e da rádio em Moçambique. Esse evento foi de extrema importância para ajudar a delinear o protocolo de cooperação entre Portugal e Moçambique. E, assim, eu ia subindo de posição gradativamente. Passei pelas direções de programas e entendia que estava ocupando espaços vazios e adquirindo sempre novas habilidades.

Eu representava um fator de segurança quando existia alguma crise identificada por Botelho Moniz, que sabia que nas minhas mãos as coisas seriam tratadas com seriedade e entregues da melhor maneira possível. Com alguém que confiava em minhas capacidades, eu tinha ideias que eram acatadas e, dessa forma, surgiram as inovações. De uma pessoa que crescia dentro de uma emissora, aprendendo na prática o que fazer para as coisas darem certo.

Certo de que os estudos não poderiam parar, matriculei-me no Instituto Superior Politécnico e Universitário (Ispu), em Maputo, para fazer o curso pós-laboral de licenciatura em Gestão e Administração de Empresas, também à noite. Eu já era gestor, mas precisava reforçar as minhas habilidades nesse sentido. O curso trouxe mais confiança nas minhas ideias de gestão.

Atuando em todas as frentes, eu abria caminhos e ampliava minha área de atuação. Em paralelo, minha vida pessoal também ganhava novos traços. Eu já tinha duas filhas do casamento com a Hélia.

O momento da paternidade tinha sido um divisor de águas na minha vida. Ser pai de alguém era algo muito diferente de tudo o que eu já havia vivenciado. Não estava apenas atrelado à responsabilidade. Era algo que não podia ser transferido e me fazia querer ainda mais para o futuro da minha família.

Com o nascimento das meninas, eu reformulei meu propósito e passei a querer ter aquilo que mais me preenchia na vida. E enquanto crescíamos como família, ganhávamos uma força indescritível. Minha satisfação pessoal crescia à medida que eu avançava e ressignificava meu esforço e dedicação pelo trabalho, porque tudo trazia um novo significado.

Com isso também nasciam mudanças na TV, que passava a ser uma empresa pública autônoma. O crescimento da emissora acompanhava meu próprio crescimento e, assim, eu passei a chefiar o Departamento de Projetos e Cooperação da estação televisiva. Negociava com embaixadas e instituições internacionais à procura de fundos para apoiar o desenvolvimento da televisão.

Viajava pelas feiras internacionais, que se realizavam de dois em dois anos, para a compra de equipamentos: Montreux, na Suíça, e Brighton, na Inglaterra. Cuidava da logística de importação de qualquer coisa que a televisão comprasse. Geria a compra de equipamentos, os desalfandegamentos e a sua entrega. Qualquer coisa de que se precisasse, lá estava eu — uma espécie de curinga que poderia fazer o que estivesse ao seu alcance.

Entregar algo diferente do que os outros faziam era meu mantra. Meu compromisso com o trabalho era algo que surpreendia a todos. Se antes eu precisava de meu pai pedindo relatórios e minha mãe nos dando disciplina — adulto, eu mesmo era a pessoa que se cobrava por isso.

Eu me tornei aquele que sempre fazia algo a mais. Querer vencer estava atrelado a poder proporcionar algo para a minha família. E conforme isso acontecia, os desafios vinham e eu procurava soluções. Naquele tempo, o orçamento de que dispúnhamos na TVM era curto, praticamente só dava para pagar os salários. O negócio da publicidade em Moçambique ainda era incipiente. Não tínhamos um orçamento de investimento. Primeiro era Televisão Experimental, sendo um organismo dependente do Ministério de Informação do Estado, e depois passou a ser a Televisão de Moçambique. Por isso a sigla também mudou.

A essa altura, definimos como prioridade melhorar toda a televisão com novos equipamentos. Para isso, foi preciso uma estratégia agressiva de mobilização de recursos. Uma das tarefas principais seria buscá-los na publicidade. E isso só se conseguia com conteúdo de qualidade e mais audiência.

Continuávamos tendo boas relações com a Itália, que pontualmente nos dava assistência técnica. Porém, o conteúdo artístico era proveniente do Brasil, onde comprávamos telenovelas e conteúdos educativos, e de Portugal, que também cooperava com conteúdos artísticos e de formação profissional.

Os fundos que ajudaram a TVM a dar o primeiro grande salto de crescimento vieram dos mecanismos de assistência para o desenvolvimento institucional. Havia uma agência britânica, a Crown Agents, que operacionalizava um fundo japonês, o Japanese Non-Project Grant. A instituição notificou o Ministério da Informação de que havia a disponibilidade de recursos, o que era do seu interesse porque detinha o contrato de gestão das alfândegas e fazia o processo de importação dos equipamentos.

Também tivemos acesso a um importante financiamento originário da República Federal da Alemanha, através do Kreditanstalt für Wiederaufbau, o KFW, banco de investimento alemão, sediado em Frankfurt. Graças a esses financiamentos, conseguimos recursos para fazer a primeira modernização da TVM, com a substituição do velho equipamento de origem italiana. Reabilitou-se o estúdio, montaram-se novas mesas de edição, compraram-se novas câmeras. Tínhamos um estoque de componentes para manutenção por até dois anos.

Em 1994, a estação assumiu a designação de Televisão de Moçambique — Empresa Pública (TVM-EP). Passou a ter um Conselho de Administração, com mandatos de três anos, renováveis. Nesse ano, a televisão chegou também a Nampula. Essa expansão, incluindo a da Beira, foi um marco muito importante para a TVM.

Saímos de uma televisão precária para uma emissora que ganhava alguma dignidade tecnológica, e criou-se uma autoestima nas pessoas, que sentiram que havia mais recursos tecnológicos para que pudessem trabalhar. As pessoas mudaram conforme tinham acesso aos recursos e davam mais de si. Se eu dava o melhor nas piores circunstâncias, naquele instante tudo se expandia exponencialmente.

Minhas relações estavam cada vez mais sólidas, e eu via o quanto isso era importante para que tudo fluísse da melhor maneira possível. Eu já transitava pela área comercial quando fui nomeado diretor comercial e de produção. E foi ali que tive a oportunidade de dinamizar a empresa como um todo. Sabia que a tecnologia aliada às boas ideias poderia fazer grandes transformações.

Ao mesmo tempo, eu era uma espécie de facilitador. Sabia desembaraçar problemas, encontrar soluções e desenvolver aspectos pessoais e profissionais para que tudo fluísse da maneira mais adequada. Foi nesse momento que os programas começaram a ter outro formato, e a emissora mudou sua maneira de se relacionar. Quando fui para a área comercial, colocamos todo o equipamento de informática numa negociação que ninguém esperava, com fornecedores de equipamentos e serviços informáticos que entregavam os computadores e faziam a manutenção para pagarmos na forma de publicidade e prestação de serviço. Era inovação na prática.

Fechei acordos que geraram impactos gigantes na televisão, e quando as pessoas passaram a ter acesso a facilidades, mudava-se todo o ambiente e o modo de ser e estar dentro de uma instituição. Com isso, a publicidade triplicou sua receita. E eu fui nomeado membro do Conselho de Administração. Saímos da instalação e inauguramos um novo centro de produção da Televisão de Moçambique. Passamos a ter novo equipamento e estúdios com tecnologia de ponta.

Era também preciso formar as pessoas para o novo estágio de desenvolvimento em que a televisão se encontrava. No Conselho de Administração, a nossa maior preocupação era a de gerir com segurança essa evolução tecnológica — um processo de transição extraordinário que interferia, transversalmente, em todos os setores. Nesse patamar, a possibilidade de fazer coisas novas tinha aumentado de forma exponencial. Havia mais espaço para criar conteúdos e para a inovação.

Eu ia e voltava do Brasil com programas e novelas. Trabalhamos com a Fundação Roberto Marinho, de quem trazíamos alguns programas educativos da TV Futura. O mais importante, contudo, era o que tinha mais audiência em Moçambique: as telenovelas da Rede Globo, como *Primo Basílio* e *Roque Santeiro*. Transmitimos também a telenovela *Pantanal*, da TV Manchete.

Eu estava no topo da carreira. No entanto, quando cheguei lá, a inconformidade mais uma vez bateu à porta, aliada ao atrevimento. A televisão ficara pequena para mim, e eu sentia que precisava alçar novos voos. Eu tinha acabado de ser nomeado secretário-geral, e aquilo significava ser um diretor administrativo — o que englobava várias áreas. Eu saí do topo, de um cargo executivo, para uma função operacional de gestão.

Eu sentia que meu papel ali já tinha acabado, como se fosse uma carta fora do baralho. Não queria ser apenas uma pessoa sem qualquer função. Tinha ambições maiores. E além do mais, havia uma questão financeira. Eu acreditava que para alcançar o nível de qualidade de vida que eu queria ter, não conseguiria através daquele trabalho. Só empreendendo eu seria capaz de fazer isso.

Se alguns acreditavam que eu começaria do zero ao sair da emissora, eu via aquilo de forma diferente: tinha adquirido muito conhecimento dentro daquele trabalho. Ia tentar voo solo, mas estava confiante. Sabia que eu sempre fora uma pessoa que, se perdesse tudo em qualquer momento da vida, tinha determinação e confiança suficientes para fazer o que seria necessário.

Lembrei-me da fala da Hélia: "Não se perdeu nada. Se estás aqui, então não se perdeu nada". E não era só o episódio da van roubada após o retorno das minas que me fazia ter essa certeza. Havia uma convicção interna que vinha da clareza do meu caminho, porque eu já sabia quais objetivos queria atingir.

Àquela altura, já tinha coragem e conhecimento que julgava suficientes para iniciar uma startup. E mais do que isso, contava com uma retaguarda familiar muito forte que me ajudava a tomar decisões. Essa união me fazia tentar voos mais altos. O mais importante de tudo, no entanto, era a fé. A palavra fé determina o que eu chamo de uma coisa muito importante. Fé é acreditar em algo que não se sabe o que é e não se vê. É acreditar numa coisa única, e isso para mim era muito importante. Sair da emissora para tentar criar um negócio próprio era um salto de fé. E eu estava preparado.

A televisão havia me ajudado a conhecer o mundo, as pessoas. E eu tinha a certeza de que conhecia pessoas que haviam sido essenciais para que eu pudesse ser catapultado a outro patamar. Olhando para trás, percebo que a minha integridade foi pensar, falar e agir na mesma proporção. Era fundamental ser íntegro. O que penso, o que falo e o que faço precisava estar em sintonia perfeita. E era a partir disso que eu criaria uma história.

Zona do Impossível é quando uma pessoa sem nenhum recurso decide criar um grupo de mídia. Eu enxergava isso. Sabia que o mundo depende da forma como o encaramos. E que teria que mudar, caso contrário, seria mais uma peça dentro de uma engrenagem.

Ser livre, para mim, é poder ousar fazer algo diferente. Isso me dava oxigênio para lutar pela nova fase da minha vida. Eu sabia que a minha jornada como humano terminaria em alguns anos. Como a de todos nós. Mas também sabia que essa jornada deveria ser vivida com intensidade e plenitude de vida. E que, para isso, eu precisava ter fé. E coragem para plantar a semente de algo que ainda não podia enxergar. Um novo mundo estava nascendo para mim. Eu estava pronto.

Zona do Impossível é quando uma pessoa sem nenhum recurso decide criar um grupo de mídia. Eu enxergava isso. Sabia que o mundo depende da forma como o encaramos. E que teria que mudar, caso contrário, seria mais uma peça dentro de uma engrenagem.

— **Daniel David** —

4

KEEP WALKING

A Makwayela é uma dança nascida na África do Sul, mais concretamente nas minas. Dizem que ela foi criada para que as pessoas esquecessem o sofrimento causado pelas longas jornadas debaixo das terras. Isso é o que os livros de história dizem. Para mim, essa dança nasceu com a ousadia de minha mãe.

Minha mãe era uma mulher que fazia de tudo para ajudar meu pai no sustento da casa. Incansável e determinada, ela fazia o possível e o impossível para que não passássemos necessidade. Um de seus empreendimentos era preparar uma bebida tradicional para que pudesse vender na fronteira, por onde passavam os mineiros. E a ajudávamos nessa função.

Claro que outras pessoas também tinham a mesma ideia, mas a minha mãe era a única que possuía uma estratégia. Mães sempre têm uma boa estratégia. A dela, entretanto, era genial: ela colocava os filhos para dançarem Makwayela enquanto vendia as bebidas. Assim, enquanto ela seguia vendendo suas bebidas, eu e o meu irmão Arlindo dançávamos para que os mineiros ficassem entretidos e pudessem consumir mais.

Eu ainda não entendia nada de marketing, nem aplaudia aquela ousadia de minha mãe. Mas fazia a minha parte. Anos mais tarde, fui reconhecer seu empenho e, de certa forma, percebi que havia herdado aquela potência em dar o seu melhor em qualquer ocasião que pudesse ser útil em algo. Na minha vida sempre foi assim. E é até hoje.

Tornei-me exigente e sempre busco algo que se difere do comum para conquistar o que quero. Mesmo na batalha, nos dias sangrentos, nas noites frias e desestimulantes, eu busco o meu melhor. E depois de tudo o que conquistei, hoje posso dizer com toda a certeza do mundo que em qualquer contexto — seja dançando para mineiros consumirem mais bebidas ou para abrir uma emissora de televisão —, se não tivermos coragem, sonho, um modelo mental forte, não somos capazes de influenciar qualquer situação.

Obviamente, o meio também nos influencia. E é por isso que se dá a necessidade de sairmos da bolha, de nos conectarmos com pessoas que verdadeiramente acreditam que o sucesso não acontece por acaso.

Quando me senti desafiado a sair da empresa de televisão, eu carregava um sonho: abrir minha própria empresa, uma agência de publicidade, onde poderíamos criar pequenos anúncios. Ocorre que poucos entendiam aquele movimento. Como um homem pode deixar a administração de uma grande televisão para abrir uma agência de bairro?

No início dessa empreitada, não havia nada de extraordinário. Duas ou três pessoas que se agrupavam para fazer algo acontecer. E logo que consegui os primeiros clientes, estabelecemos a missão de fazer aquilo dar certo. Todo empreendedor sabe que, no começo de qualquer negócio, fazemos muito com pouco. E quando eu digo isso é com pouco mesmo.

Não era raro ver nosso computador secando ao sol, aberto, após um dia de chuva que o deixou molhado. No entanto, para quem, como eu, vinha de um país com muitas adversidades, aquilo era um mero detalhe. Hoje sei que o mundo só depende da forma como o encaramos e temos sempre que sair da zona de conforto ou do óbvio, se quisermos novos resultados.

Nenhum ser humano é um modelo que sai de fábrica e precisa fazer o mesmo que todos fazem. Podemos fazer e ser diferentes. Minha mãe não disse isso com palavras, mas a experiência da dança como encantamento de clientes já estava impregnada em mim desde cedo. Eu literalmente dançava com as adversidades à medida que elas surgiam.

E enquanto as pessoas faziam pouco caso de um homem como eu ter deixado um emprego estável em busca de um sonho empreendedor, nada me afetava. Eu era autêntico comigo mesmo e fiel ao que queria. Nada mais. Eu tinha convicção naquilo que fazia. Isso, para um empreendedor, é o que faz toda a diferença no mundo.

Foi custoso, mas a elasticidade de crescimento era querer mais. Por isso, fui à luta. Eu sabia que ia chegar a algum lugar. Sem medo, com um bocado de ousadia, saía da zona comum e buscava novos horizontes. O sustento de minha família era o que me movia, e eu buscava maneiras de sempre inovar.

A essa altura, o foco da Visão, minha agência de propaganda, era o desenvolvimento de estratégias de comunicação, campanhas tradicionais de publicidade, criação de merchandising. A receita com os produtos tradicionais de publicidade não fazia a empresa ser sustentável, e, aos poucos, perdemos competitividade. Era hora de dançar conforme a música e, com isso, me reinventar mais uma vez.

Então, sem deixar de lado todos os contatos que tive ao longo dos anos, decidi começar a organização de conferências. E a vida favorece quando estamos caminhando para algum lugar, pois logo as pessoas certas aparecem e se unem a nós. Em 1999, numa conferência no Brasil, realizada em Pernambuco, conheci o Adriano Freire, escritor português, professor da Universidade Católica de Lisboa, que escrevia sobre gestão e competitividade empresarial. Logo que o ouvi falar, fui a seu encontro e disparei um convite:

— Quer me ajudar a organizar conferências em Moçambique?

Da resposta positiva, nasceu uma parceria de sucesso. Fizemos um conjunto de debates ao qual demos o nome de Ciclo de Conferências sobre Competitividade Empresarial. Em 14 de dezembro de 2000, quando eu já estava plenamente ativo na Visão, realizamos o "I Ciclo de Competitividade Empresarial".

Muitos estudantes moçambicanos faziam faculdade com livros de Adriano Freire, como o *Estratégia: Criação de valor sustentável em negócios tradicionais e digitais*, e o *Inovação*. Dessa forma, suas conferências conquistaram um sucesso muito grande. Tínhamos sempre a sala cheia. Verifiquei que os participantes estavam dispostos a pagar pelo acesso a esse tipo de conhecimento. Além disso, angariei patrocínios de empresas, que pagavam uma taxa para ter sua marca nas conferências.

Era um negócio rentável que fazia meus olhos brilharem de contentamento. Tinha facilidade de criar e pensar nas coisas. Eu era disruptivo sem saber que era, e as pessoas me respeitavam pela trajetória e pelo modo como interagíamos. Credibilidade não se empresta, e isso eu tinha de sobra. Jogava com as cartas que tinha, e elas eram muitas.

No ano seguinte, por sugestão do Adriano Freire, convidamos o professor Ernâni Lopes, economista, ex-ministro das Finanças de Portugal e presidente da Sociedade de Avaliação Estratégica e Risco (Saer), para palestrar. O professor Ernâni era uma figura emblemática, que organizou a entrada do país na União Europeia. Fez conferências ao longo de três dias sobre competitividade empresarial, a localização geoestratégica de Moçambique e a economia do mar, no hotel Rovuma, em Maputo, com patrocinadores como o Banco Internacional de Moçambique (BIM).

Ganhei muita notoriedade por ter trazido uma figura portuguesa famosa e continuei agindo para não perder as oportunidades que surgiam. Continuei com esse tipo de conferência para gestores e executivos. Tratava de temas como marketing e recursos humanos. E o lucro vinha com os patrocínios das empresas e com os ingressos vendidos.

O conteúdo que levávamos valia ouro, e eu sabia que precisava monetizar aquilo tudo para não se perder. Pensei num jornal semanal para publicá-lo. Eu queria levar aquelas palavras para o maior número de pessoas possível. Então, tive a ideia de entrar em contato com um jornalista de uma redação estatal para ver se havia interesse e, conforme eu caminhava, a vida ia trazendo mais elementos para eu construir uma nova jornada.

Para fazer isso, criei, em 28 de setembro de 2000, a Sociedade Independente de Comunicação (Soico). Registrei um nome para o futuro jornal: *Tribuna Económica*. Fui à África do Sul e, depois, a Portugal, para ver a experiência do *Semanário Económico*, que depois teve o *Diário Económico*. Mas ainda não estava satisfeito.

Eu não era mais um. E percebi isso quando uma grande agência americana de publicidade, a Leo Burnett, esteve em Maputo. Inicialmente eles fariam uma campanha do uísque Johnnie Walker com o tema *Keep Walking*. Nessa campanha, mostravam a vida de pessoas que consideravam empreendedores de sucesso. O convite me surpreendeu. Queriam fazer a minha história. "Daniel David, *Keep Walking*."

Quando gravamos, percebi que havia algo além de impetuosidade, atrevimento e ousadia naquele jovem que dançava diante dos mineiros. Eu sempre continuava em movimento, caminhando, mesmo quando as condições adversas estavam desfavoráveis.

Assim, começou uma parceria com a tal agência. Eles nos apoiavam na capacitação de nossos quadros, que iam para Joanesburgo estagiar e atrair clientes de publicidade na África do Sul. Quando eu estava para lançar o jornal, pedi ajuda a Leo Burnett no Brasil, e eles me levaram para conhecer o jornal *Valor Econômico*, em São Paulo, onde procurei contratar alguns profissionais. Até que o improvável aconteceu.

Em 2002, quando estava para lançar o *Tribuna Económica*, numa de minhas viagens à África do Sul, cruzei em Joanesburgo com uma senhora sul-africana chamada Rykie Brink, ligada à área de marketing, que eu já conhecia dos tempos da TVM. Numa conversa informal, ela perguntou se eu teria como encontrar alguém com uma licença de televisão em Moçambique.

Como ela trabalhava no departamento comercial da TV África, formada a partir de um fundo americano para ser uma espécie de televisão panafricana, disse-me que estavam à procura de parceiros africanos que tivessem TVs privadas locais em que pudessem apresentar conteúdos por eles criados. Eu usei logo o meu atrevimento. Era tudo o que tinha.

— Por que não passa para mim?
— Tu? — ela respondeu, surpresa.
— Sim, qual o problema? — eu disse.
— Só se abrir num prazo de três meses — ela sentenciou.

Eu tinha três meses para abrir uma emissora de TV. Três meses que poderiam mudar a minha vida.

5

O IMPOSSÍVEL

"Daniel, a conta não fecha." Foi com essa frase que fui recebido quando entrei no banco em busca de um empréstimo de 200 mil dólares. O homem que me dizia aquilo tinha sido Ministro das Finanças e, naquele momento, era presidente de um banco. Eu queria muito. Mais do que as pessoas acreditavam ser possível alguém desejar. Talvez esse fosse o pecado cometido que era imperdoável aos olhos de todos.

Como pode alguém querer voar tão alto com poucos recursos? Ele já tinha visto uma emissora de televisão de um famoso político ir à falência — mesmo com um investimento de milhões de dólares —, e acreditava que os 200 mil dólares não fariam nem cócegas na intenção de abrir algo daquela magnitude. Mesmo tendo respeito por mim, ele tentou me dissuadir daquela ideia de forma sutil.

O problema é que as pessoas tentam nos estimular a realizar sonhos porque elas partem das suas próprias visões e experiências de vida. E muitos de nós acabam sendo aniquilados pelos apóstolos da desgraça, que não acreditam na nossa visão e sequer tentam enxergar por um novo prisma. Para ele, aquela era uma coisa impossível de ser feita.

E por mais que eu soubesse que muitas das pessoas que me rodeavam tinham a sensação de que eu era louco, já que um empreendedor que sonha com coisas "fora da curva", geralmente, é visto como tal, eu não dava bola para a plateia. Seguia em frente, determinado a abrir um canal de televisão.

A partir do momento em que a sul-africana me deu três meses para conseguir a licença, eu entendi que aquele era meu momento e que eu entraria para ganhar. Mesmo competindo com uma televisão pública e sem condições de começar. Eu tinha um sonho. E pessoas com sonhos têm mais poder na mão do que qualquer pessoa com dinheiro.

A primeira coisa a ser feita, muito antes de tentar convencer o presidente do banco a me emprestar dinheiro, foi submeter o processo para a obtenção da licença. Costumo dizer que, quando algo parece impossível e existem obstáculos que parecem intransponíveis, aí residem as melhores histórias. E esse era o valor da história que eu queria contar: uma história que revelaria como obter progresso pessoal e coletivo, mesmo com a improbabilidade da vida.

O impossível pode se tornar possível. Bastava acreditar. E agir. Assim que determinei a mim mesmo que abriria a emissora, fiquei convicto de que tudo conspiraria a meu favor. Mesmo sem nada em mãos. Vale lembrar que o contexto político estava favorável. Era o fim do segundo mandato do governo eleito democraticamente, e na transição política, a ideia era mostrar ao povo que existia democracia e liberdade de expressão em Moçambique.

As instituições internacionais também pressionavam para que isso acontecesse de alguma forma. E aquele tipo de solicitação parecia vir na hora certa. Todos os processos estavam sendo despachados com rapidez para que um novo Moçambique fosse vista positivamente pela comunidade internacional e pelos investidores. Mas como colocar meu nome no pedido? Eu tinha trabalhado durante anos na TV pública. Foi então que tive a ideia de fazer a solicitação em nome da Hélia, minha esposa.

E assim submeti o projeto para a avaliação do órgão responsável. Se fosse aprovado, um conselho de ministros daria seu parecer. Na sorte, sem fazer qualquer tipo de lobby, enviei a documentação e esperei. E como certas sincronicidades são inexplicáveis, soube do veredito através de um vizinho que era inspetor do Estado e morava próximo à minha casa.

A cena não poderia ser mais hilária. Ele estava aborrecido com algo que tinha ocorrido em seu emprego, e como sabia que eu já tinha trabalhado na televisão, queria compartilhar aquilo com alguém que o entendesse. Assim que entrei, ele começou:

— Uma tal de Soico TV foi aprovada. Isso é uma grande chatice. Não vai a lugar algum. Não tem como dar certo.

Perguntei, então, por que tinham aprovado e ele respondeu:

— Ah, o presidente disse que o processo era justo, legal e ainda disse que as pessoas veriam que fazer televisão não era algo fácil.

Pelas suas previsões, aquela também era uma emissora que estava fadada a falir. Tomei fôlego e respondi a ele:

— Essa televisão é minha.

Ele quase caiu para trás. Ficou pensativo, cheio de perguntas, achando que eu tinha enlouquecido. Então, contei a ele que ia abrir a emissora. Mas não abri o jogo a respeito dos passos que eu daria logo em seguida. Estava radiante. Tinha conseguido. Embora precisasse andar rápido com aquilo, não podia meter os pés pelas mãos e dividir as minhas estratégias com ninguém.

Deixei que todos pensassem que eu estava louco. As pessoas estavam conformadas demais com suas vidas e não conseguiam entender alguém que andava numa locomotiva de sonhos.

Hoje sei que não foi por maldade que muitos tentaram me alertar que aquilo não daria certo. A maior parte dos seres humanos está acomodada com a situação em que se encontra. E no contexto de um país pobre que atravessa dificuldades, com guerra, que precisava de ajuda externa e depende do auxílio de doadores e investidores internacionais, empreender e levantar uma emissora privada era o maior desafio já visto.

Eu tinha a meu favor a experiência de ter trabalhado muitos anos numa grande televisão pública. E experiência e conhecimento ninguém tira da gente. Eu também tinha uma forte rede de contatos, credibilidade e sabia que, para impactar qualquer área da minha vida, seria necessário conhecer pessoas capazes de me catapultar a outro patamar.

Eu conhecia muita gente e sabia que era respeitado por muitas pessoas que poderiam me abrir caminhos. Tudo na vida gira quando a preparação encontra o preparo. Isso é sorte. Preparação e oportunidade andando juntas. Enquanto a Hélia confiava no que eu estava fazendo, minha mãe achava aquela ideia esquisita. Ela ouvia os comentários das pessoas e ficava preocupada.

Falavam como se dissessem algo sobre um louco qualquer andando perdido numa estrada. "Isso não vai dar em nada", as pessoas diziam. Mas além de confiar no meu projeto, eu sabia o que ia fazer. Não ia entrar na casa das pessoas pela porta da frente. Ia entrar pela fresta de serviço.

Pedi que a licença para TV e rádio fosse bilíngue — e ninguém entendeu o porquê daquele pedido. Eu precisava, entretanto, estar certo de que ninguém pudesse me impedir de transmitir o conteúdo da TV África.

A aprovação tinha me ensinado algo a respeito das instituições que até então eu não desconfiava: muitas vezes eram aprovadas coisas sem que soubessem ao certo o que estava sendo feito. Foi assim que assinei o contrato com a TV África em 2002. E a STV (Soico Televisão) nasceu em 25 de outubro do mesmo ano.

Na época, o desafio inicial seria encontrar um local onde posicionar a antena de transmissão, já que as antenas das casas de todas as pessoas estavam direcionadas para onde vinha o sinal da televisão pública. E quem ia desviar a antena para captar o nosso sinal?

Assim, eu precisava de uma posição estratégica. Um lugar perto da antena pública, afinal, precisávamos entrar na casa das pessoas. Foi num prédio que ficava a cerca de 500 metros de distância da antiga emissora em que eu trabalhava que resolvi a questão. Foi ali que aluguei um apartamento logo no último andar. Teríamos muito trabalho para colocarmos a torre e entender se haveria cobertura de sinal, mas era uma solução prática e perfeita para aquele momento.

A verdade é que eu tinha uma confiança interna inabalável de que meu projeto daria certo. E isso derruba qualquer barreira. Com frequência, nessa época, eu me lembrava de quando havia atuado como ator, ainda jovem. Muitas vezes as apresentações ficavam diferentes. E fazíamos um show que era aplaudido de pé, mas as pessoas nem sonhavam que aquilo tinha sido feito com improviso. Era como se o improviso fizesse parte da história.

E foi dessa maneira que eu aprendi a lidar com imprevistos. Entendendo que a cada momento é hora de reinventar a si mesmo. E nem sempre as pessoas percebem nossos improvisos. Mas como os imprevistos fazem parte da vida, muitas vezes para executar o impossível é preciso improvisar.

E a antena, apesar de ser um belo improviso, foi um improviso que levava para além daquilo que as pessoas esperavam. Além da antena, porém, algo mais desafiador me preocupava: a questão financeira. Eu precisava de uma grande quantia e fazia cálculos do que seria necessário para começarmos. Sabia que a parabólica seria imprescindível, um emissor e algum equipamento.

Foi nessa época que fui à África do Sul para falar com meu amigo Hennie Reynders, que tinha uma produtora. A coincidência brutal era que ele tinha ganhado um contrato para cobrir jogos de golfe, e o equipamento antigo não servia. E foi assim que ele me disse:

— Pode levar.

Eu não tinha como pagar.

— Eu confio em você. Leve o equipamento e, depois de quatro meses, você paga a primeira parcela. Nos meses seguintes, dividimos o valor.

Eu levei o equipamento antigo para Moçambique, feliz da vida. Mas ainda precisava de dinheiro. Não sabia como fazer. Sem qualquer garantia. Apenas atrevimento e inconformismo. E foi com esse inconformismo que ouvi as palavras do presidente do banco.

— Daniel, a conta não fecha.

Eu estava ali diante dele. Era um momento decisivo, daqueles em que nos encontramos dentro da cova dos leões e precisamos reagir. Em vez de aceitar aquele veredito, respondi:

— Eu não entendo sobre banco, mas você também não entende de televisão. A única coisa que pode exigir são as garantias que julga serem necessárias para que isso dê certo.

Mesmo com aquele atrevimento na resposta, minha mente me traía e dizia: "Daniel, e se não der certo?". Eu sabia que precisava de uma antena parabólica por onde retransmitiria algo. Não era o tipo de coisa que eu queria compartilhar com as pessoas. Ninguém sabia que os conteúdos que eu levaria não seriam produzidos em Moçambique. Eu queria receber e retransmitir. Para marcar território.

Para mim, isso era comunicação. E me daria tempo para estruturar o passo seguinte que estava prestes a acontecer. Eu ainda não podia partilhar o que estava prestes a acontecer. E embora isso me desse tempo para estruturar os passos seguintes do que ocorreria, as pessoas sequer sonhavam que eu não estava começando a fazer televisão da forma clássica, já que nem tinha programação.

Eu queria entrar na casa delas sem entrar pela porta principal. Enquanto me viam como louco, eu vivia um conceito de apresentar que sabia exatamente o que estava fazendo. Dava garantias, tinha alvará. E continuava batendo de porta em porta nos bancos. Todos me diziam que não havia como fazer televisão com 200 mil dólares.

Foi quando bati à porta do Banco Internacional de Moçambique para falar com Oldemiro Baloi, que conhecia há algum tempo e já tinha uma relação de confiança, desde que trabalhara na TVE. Ele era uma pessoa que gostava de brincar e lançar piadas. Por isso, sua resposta foi honesta: disse que eu era pobretão, que não dava garantias, que eu não seria capaz de pagar.

Apesar disso, falou que confiava muito em mim e pediria ao banco que submetesse o valor solicitado. Depois de alguns dias, fui informado da novidade com grande surpresa: o crédito fora aprovado. Com o dinheiro em mãos, comprei a antena, a instalamos, e mesmo que só fôssemos retransmitir o sinal da TV África, anunciei o lançamento na imprensa, que representou o nascimento da televisão: dia 25 de outubro de 2002. Mas eu precisava de mais do que isso. Apenas retransmitir um sinal era pouco para mim. Eu não podia, nem queria, morrer na praia.

6

JOGO JUSTO

Em determinados momentos da nossa vida, algumas cenas nos servem como divisores de águas. São aqueles episódios marcantes que ficam registrados em nossa memória, como se fizessem parte de um "antes e depois" que vai marcar a linha da nossa trajetória. Geralmente — e infelizmente —, grande parte desses ensinamentos chegam após grandes desapontamentos. Foi o que aconteceu num certo ponto da minha carreira.

E embora tais circunstâncias adversas cheguem para todos nós, o que fazemos delas e quais aprendizados tiramos é o que fica registrado na nossa biografia pessoal e é capaz de penetrar na mente e inspirar outras pessoas quando somos capazes de transpor tais obstáculos. A TV já era um plano que tinha se concretizado. Eu não havia sucumbido ao deserto nem às adversidades, e via as pessoas atônitas com o que estava acontecendo em Moçambique. Uma emissora nova, pequena, que retransmitia conteúdo de fora. Aquela era minha realidade. Mas não seria aquele o plano a longo prazo.

Eu era incansável. Fazia dos relacionamentos meu maior ativo, e estava em todos os lugares. Uma das pessoas com quem me relacionava, a fim de criar projetos para a emissora, tinha sido meu professor no Instituto Politécnico Universitário. Ele era bem relacionado em Portugal e me apresentou a um terceiro sujeito, um empresário e acionista de um grupo de televisão privada em Portugal.

Foi assim que tivemos um encontro que possibilitou que algumas ideias me fizessem sonhar. E não tem nada que alimente mais a esperança de um jovem empreendedor do que estar diante de um combustível para sonhos. Assinamos uma parceria para que ele fosse meu parceiro na nova empreitada que se iniciava na televisão. A felicidade, porém, durou pouco.

Em nosso reencontro, ele foi enfático. Disse que tinha conhecido outros empresários moçambicanos interessados em abrir uma emissora de televisão — muito conectados politicamente — e que trariam mais vantagens a ele do que eu, que tinha tão pouco a oferecer. Era mais do que um balde de água fria.

A cada palavra que saía de sua boca, mais perplexo eu ficava. O homem havia analisado meu perfil e comparado com o de outras pessoas. E enquanto era pragmático e transparente, dizendo com todas as palavras "É com eles que quero fazer negócio!", eu sentia um misto de emoções. A princípio, admirei a sinceridade com que me tratava. Logo em seguida, comecei a observar que aquele seria efetivamente um divisor de águas na minha vida.

Os valores que ele defendia eram totalmente baseados no material. Eu estava construindo algo, tijolo a tijolo, mas era algo sólido. E aquela era uma pessoa que tinha propósitos diferentes dos meus. Era um verdadeiro aprendizado. Negócios podemos fazer com qualquer pessoa. Mas não podemos deixar nossos valores de lado.

Fazer negócios com pessoas sem princípios éticos pode colocar nossa alma à venda. E eu não estava disposto a negociar minha alma. Eu sabia que a minha palavra e a dele tinham sido dadas naquele acordo, mas ele recuava. E se a palavra não tinha sido um contrato, não havia qualquer princípio.

Fazer negócios com pessoas sem princípios éticos pode colocar nossa alma à venda. E eu não estava disposto a negociar minha alma. Eu sabia que a minha palavra e a dele tinham sido dadas naquele acordo, mas ele recuava. E se a palavra não tinha sido um contrato, não havia qualquer princípio.

— **Daniel David** —

Confesso que aquele "não" foi um dos aprendizados mais importantes da minha vida como empreendedor. Era uma experiência que me ensinava o que não fazer. E nem sempre em nossas vidas teremos exemplos do que fazer. Muitas vezes, o impacto negativo que algo provoca em nós pode ser tão ou mais importante que uma experiência positiva, porque ele aponta claramente o caminho pelo qual não devemos seguir.

Sempre tive como premissa ser uma pessoa íntegra: falar, pensar e agir em alinhamento. Um ser humano íntegro é aquele sobre o qual incide a conjunção desses três fatores. E quando vi que muitas pessoas dentro do mercado estavam agindo apenas por interesse, deixando de lado princípios e valores, entendi que esse era o jogo que eu não queria jogar. Eu queria jogar o jogo da integridade. E se fosse para ter sucesso, que fosse pautado nos valores que eu defendia.

Foi justamente depois desse episódio que decidi ir ao Brasil à procura de outras parcerias. Eu trabalhava com a TV Globo fazia um tempo, e conhecia o Geraldo Casé, pai de uma artista chamada Regina Casé. E ele me abria as portas da emissora sempre que possível.

Dentro da emissora, quando cheguei com o pedido de retransmitir as novelas, eles imediatamente negaram, assim que expliquei sobre meu canal. Tinham um acordo de transmissão com a emissora do Estado. Por questões contratuais não poderiam me conceder aquele contrato. Ao mesmo tempo, todos sabiam que eles reclamam que a emissora pública não os pagava por aquele acordo. Os pagamentos estavam sempre em atraso. Assim, enxerguei uma oportunidade naquele momento.

Como eles diziam que não poderiam rescindir o contrato, perguntei quanto tempo precisariam para dar um ultimato a eles. Com a resposta exata na ponta da língua, eles disseram "vinte dias". E, dessa forma, propus que dessem o ultimato e esperei no Brasil, na esperança de que eles não tivessem o esperado feedback da emissora.

Fiquei ansioso durante aqueles dias, ainda no Brasil, e no vigésimo dia bati novamente à porta da emissora. Como não tinham tido resposta sobre a renegociação do contrato, e o prazo já havia expirado, finalmente veio o veredito: o acordo comigo poderia ser realizado. Eu poderia retransmitir as novelas. Nas malas de volta para Moçambique, levei a novela *O clone*. Era o único programa que eu tinha.

Eu sabia que era uma grande carta na manga, já que era o único programa a ser transmitido em português, mas precisava que o povo se apaixonasse pelos personagens e pelo enredo de uma história que já havia encantado o Brasil. Anteriormente, a emissora retransmitia o conteúdo da TV África, cuja programação era em inglês. Minha fé e aposta era que aquela novela, cheia de mistérios que poderiam cativar em cheio o telespectador, entrasse em cada casa.

Por isso eu precisava de uma maneira sagaz de driblar o sistema. Decidi transmitir a novela no mesmo horário em que a emissora do Estado transmitia seu noticiário. Só que ao mesmo tempo em que era uma grande ousadia, tratava-se de um desafio e tanto, considerando que existia uma cultura instalada nas famílias — com apenas um aparelho de TV na sala — de assistirem ao tal noticiário agrupadas em seus sofás. Logo, eu precisava mudar uma cultura.

Dessa forma, a estratégia que coloquei em prática foi a de gravar um noticiário *express*, com todas as notícias relevantes do dia, antes do noticiário do Estado. Eu as transmitia e as pessoas se informavam. Ocorre que logo que mudavam de canal, viam as mesmas notícias na rede vizinha e se entreolhavam, perguntando "por que não assistir à novela, já que vimos todas essas notícias?".

Assim, conquistamos a audiência, pouco a pouco, numa luta que mudou a cultura de um país, que passou a assistir a novelas em horário nobre. A novela se tornou um sucesso extraordinário. Não tínhamos nenhuma programação, e ela entrava na casa das famílias como se partíssemos a vidraça das janelas.

Embora fosse um evento, era um conflito para as famílias, que se viam diante da TV no horário nobre pela primeira vez apreciando uma novela em vez do noticiário do canal do Estado. Foi um marco. Nas ruas, a moda já pegava, os trejeitos e até as palavras utilizadas na trama eram ouvidas com frequência. A novela mexia com a vida das pessoas. Era um entretenimento de qualidade. Um marco histórico para a emissora que entrava com os dois pés na vida das pessoas.

Então, começamos a ser mais atrevidos. Trouxemos um programa chamado *Você decide*, onde o público escolhia o final. Trazíamos a produção brasileira, mas o público de Moçambique decidia o final e colocávamos a gravação no ar. Dessa maneira, contávamos com um apresentador local que ficava discutindo cada episódio durante mais de uma hora antes da decisão final.

De repente, tínhamos uma emissora que ganhava de lavada na audiência. Era uma batalha vencida. Eu continuava ocupando espaços vazios, como no começo de minha carreira. Tratava-se da minha honorabilidade, e eu não queria perder esse jogo. A questão da honra era um jogo que eu levava comigo mesmo. E eu não queria perdê-lo. Eu estava focado.

As pessoas começaram a se perguntar como tudo aquilo tinha acontecido. Eu havia iniciado uma emissora com força de vontade, curiosidade e jogo de cintura. E, aos poucos, muitas pessoas começaram a crer que não seria possível que eu fosse de fato o proprietário da emissora. Acreditavam que eu fosse um testa de ferro, como se pudesse existir um interesse oculto e político por trás daquele negócio.

A verdade era que, quando nosso país conquistara a independência, tivemos o socialismo e havia uma Guerra Fria entre o Ocidente e a União Soviética. Entramos num momento de transição política, o país estava falido, precisava mostrar que era democrático, e eu surgia num encontro entre preparação e oportunidade. Essa era a sorte que eu construí. Havia um porém: eu era um anônimo que tentava fazer algo extraordinário e incomum.

Ninguém acreditava ser crível. O pensamento de todos se resumia a: "Quem é esse sujeito sem dinheiro para criar uma emissora de televisão?". Só o tempo foi mostrando que o negócio não tinha outro dono, nem outras intenções.

A verdade é que eu sabia que modelo de negócio ia aplicar e quais seriam os fatores de sucesso do que estava prestes a colocar em prática. E enquanto as pessoas começavam a perguntar a si mesmas como aquilo havia acontecido, eu já tinha conquistado o horário nobre. Ao mesmo tempo em que isso assustava a todos, também encantava a audiência. E quando conquistei o direito de transmissão do Euro 2004, que era sediado em Portugal, e da Copa do Mundo da Alemanha, o escândalo foi enorme.

Eu parecia Davi derrubando Golias. Uma pequena emissora incomodando uma gigante. Muitos nem sonhavam que eu tinha um contrato com a TV África, e com isso os direitos de transmissão de grandes eventos esportivos. Em paralelo, a minha agência continuava a existir. E eu levava minha inventividade para conquistar novos clientes.

Foi assim que conseguimos fechar um significativo trabalho de rebranding de alguns produtos de um grande banco. Apresentei bons argumentos e algo que simbolizava a alma da instituição — era a força de que eu precisava para alavancar nossos negócios. Ajudava-me, mas não tirava a minha corda do pescoço, já que eram necessários muitos recursos para a televisão.

Eu ganhava notoriedade, e se antes as pessoas diziam que eu era louco, agora elas começavam a enxergar que esse louco tinha alguma razão. Os apóstolos da desgraça, que eram aqueles que estavam prontos para verem eu cair, imaginavam que qualquer deslize faria eu me dar mal. No entanto, ninguém sabia do meu trabalho para o tempo da bonança.

Dia após dia eu tinha sofrimentos e ansiedades, porém sabia que era um jogo que eu teria que travar comigo mesmo. Eu tinha a nítida percepção de que aquilo tudo daria certo, mas era como um jogador que treinava dia e noite para ganhar um jogo. Sempre na garantia de que cresceria, eu persistia. Aquele mantra "o show tem que continuar" era o meu lema.

E, assim, o crescimento das coisas se dava aos poucos. E enquanto minha ambição era confundida com ganância por quem não sabia nada dos meus planos, minha meta era sempre fazer mais. Além de querer vencer esse jogo, eu entendia que precisava estar atento à legislação e aos mínimos detalhes. As instituições, mais cedo ou mais tarde, começaram a procurar fragilidades legais para que eu fosse destruído.

Meu conselho hoje aos empreendedores que começam a se tornar relevantes é que se preparem para garantir os fundamentos da sua existência de maneira legal, cumprindo com o que está estabelecido na lei e obtendo todas as autorizações e formalidades necessárias ao negócio que se pretende desenvolver.

Crescendo, eu mantinha a minha simplicidade e a minha essência. Sabia que era a única coisa que não poderia mudar: sendo a essência meu pilar fundamental, eu não mudava. Além disso, entendia também que precisava de conteúdo de qualidade para nos tornarmos uma emissora independente da TV África. E foi a partir daí que passei a internalizar nosso negócio para que tivéssemos mais autonomia.

Se quando lancei a emissora eu era apenas um canal que retransmitia sinais daquilo que eles enviavam, naquele momento eu já introduzia meu próprio conteúdo, ia ganhando espaço e impactando a audiência. E foi somente quando a bomba caiu em nossas cabeças que entendi que eu tinha tomado o rumo certo. A TV África simplesmente foi à falência.

Todos os que me viam de fora acreditavam que seria uma hecatombe, que eu também cairia em desgraça. Mas, para surpresa de todos, minha emissora já andava com as próprias pernas.

7

ABRINDO CAMINHOS

Era 2004 quando decidi expandir ainda mais os nossos horizontes. Já tínhamos uma emissora de televisão, e eu queria uma rádio. E como precisávamos só de uma antena, fiz o que precisava ser feito. Tudo o que era transmitido na TV também poderia ser ouvido na rádio. Desde os noticiários até as novelas.

Eu não queria perder a onda de ter um jornal. E foi por isso que decidi adquirir uma marca de jornal que já existia. Era um semanário. Foi assim que adquirimos *O País*. Além de não começarmos do zero, como seria no caso do *Tribuna*, era uma questão tática. Havia por trás da aquisição do título um conceito de marketing. Havíamos acabado de lançar a Rádio SFM, que trazia algo novo no mercado: de forma simultânea, transmitia conteúdos alinhada com os espaços informativos que estávamos criando para a televisão — o *Primeiro Jornal*, o *Jornal da Noite* e os debates que promovíamos. A ideia, com a notícia da compra do jornal, logo em seguida, era mostrar que crescíamos rápido. Aquilo teve impacto muito forte.

Foi tudo muito rápido e orgânico. Resgatei o projeto de lançar conteúdo econômico. O novo jornal ajudaria a colocar assuntos nacionais na televisão. Assim, comecei a usar as peças da TV no jornal. Era algo semanal que, aos poucos, entraria na casa das pessoas diariamente. Minha ousadia, entretanto, não parava por aí. Eu estava sempre observando como poderíamos crescer como grupo e ganhar mais espaço. Detectando oportunidades e desbravando terrenos até então desconhecidos.

Muita gente ainda se perguntava "como um canal desses consegue chegar até aqui?". A verdade é que quem tem informação e conhecimento sempre sai na frente. E eu tinha, além da clareza de que atravessaria um verdadeiro deserto onde as pessoas me criticariam se as coisas não dessem certo, uma preparação mental para ser persistente e seguir adiante. Eu nunca aceitaria a concretização de uma desgraça em meu canal.

Um dos fatores que fazia minha emissora prosperar era que, apesar de muita gente desacreditar de mim, aqueles que já haviam convivido comigo profissionalmente sabiam do que eu era capaz. Isso transmitia uma energia até mesmo para os patrocinadores que continuaram ao meu redor e apostaram nas minhas ideias. Eu tinha uma persistência incansável de fazer aquilo dar certo.

Nesse período, comecei também a estudar como financiar a criação de uma gráfica. Embora houvesse muitos jornais em Moçambique, a impressão deles era precária, apenas em preto e branco e de má qualidade. Apresentei um projeto para uma grande instituição que aceitou financiar a gráfica, com a contrapartida de 20% de participação do faturamento.

Ao inaugurarmos a gráfica, porém, teríamos que ter certo cuidado. Enquanto eu tinha certeza de que uma gráfica de qualidade mudaria a realidade de Moçambique, sabia também que se ela estivesse vinculada ao grupo da emissora poderíamos ter dificuldades em trazer novos clientes — especialmente jornais concorrentes.

Para que tivéssemos um grande volume de impressão e a empreitada fosse comercialmente viável, precisaríamos de muitos clientes. O mercado existia e, assim que lançamos a gráfica, nosso jornal passou a ser diário e em cores. Isso mexeu com o status quo, e O *País* tornou-se o primeiro jornal diário impresso em quatro cores de Moçambique. Eu era movido a inovações e estava sedento para apresentá-las à sociedade.

Começamos com uma tiragem pequena, até atingirmos a marca de 10 mil exemplares. Era um fenômeno editorial. No entanto, grandes planos trazem grandes retaliações de quem não nos quer ver crescer. Assim, um mês após o início do funcionamento da gráfica, *Notícias*, jornal oficial do Estado, deu-se conta de que tinha sido passado para trás na concorrência e decidiu investir também, criando uma gráfica própria.

Não me espantei com a rasteira que me foi dada. Ao mesmo tempo que ela destruía a minha estratégia comercial, fazia nosso estudo de viabilidade não parar de pé, afinal, se teríamos apenas nosso jornal a ser impresso, não haveria dinheiro para sustentar o projeto.

Tentamos imprimir anúncios comerciais, mas não adiantou muita coisa. A conta não fechava. Por fim, a gráfica foi fechada. Todo esse episódio me trouxe um grande aprendizado. Embora eu não imaginasse que fosse sofrer uma retaliação como aquela, entendi que jamais menosprezaria novamente meus concorrentes. Poderia ser aniquilado caso cometesse esse erro fatal.

Só que, mesmo com as pequenas derrotas, o grupo crescia, e a voz das pessoas estava sendo escutada. Logo no início da nossa empreitada jornalística, tínhamos como premissa dar voz a quem não tinha voz. E isso trouxe um debate político intenso, dando ao povo um espaço para expor opiniões, críticas e fazer reivindicações.

A população começava a entender que a panela de pressão se abria. E ali havia muito caldo. Os problemas que antes eram restritos às conversas entre a vizinhança, tornavam-se públicos, com a cobertura que a emissora fazia. Era um depósito da esperança no povo. Trazíamos tipos de reportagens que não se esperava ver na televisão. Éramos a verdadeira marca da liberdade de expressão.

Ao mesmo tempo que isso gerava uma abertura democrática, no entanto, a democracia ainda era uma criança. E, de qualquer forma, era inesperado que ocupássemos esse lugar, interagindo com a sociedade da maneira como fazíamos. O país comemorava cada luta que travávamos. E eu sentia cada vez mais que estava fazendo parte de uma mudança de rumo histórica.

Às vezes me lembrava daquele número que me fora dado debaixo das minas. Eu não era mais um número. E mais do que isso: não queria que nenhum indivíduo fosse apenas mais um. Todos teriam voz. Abrindo caminhos, eu trabalhava incansavelmente. Até que um dia, numa viagem para o Rio de Janeiro, no Brasil, recebi uma ligação.

Do outro lado da linha, as palavras vinham ecoando em minha mente, como um pesadelo. "Há policiais aqui dentro. Eles querem apreender todo o nosso equipamento." Sem saber direito o que acontecia, comecei a acionar todos os meus contatos e entendi que havia sido dada uma ordem judicial para que tudo fosse penhorado. Queriam fechar a emissora.

Na manhã seguinte, o jornal abriu com apenas uma fala: "Querem nos silenciar", seguida de uma tela preta. Personalidades religiosas e a sociedade civil foram à loucura e começaram a se posicionar ao nosso lado. O povo percebeu que, enquanto estivéssemos silenciados, ele também perderia a voz. E pela primeira vez entendi a grandeza do que tinha sido construído. Não estávamos sozinhos.

8

BLACKOUT

A tela preta. A luz se apagava. Mas não estávamos sós. Naquele dia, uma série de acontecimentos seria crucial para que eu entendesse qual legado deixaria para meu país. E embora o contraste de emoções fosse imenso, aquilo que tentava me sabotar seria, na verdade, o que mais me fortaleceria — como empresa e indivíduo — dentro do país.

Para contextualizar como tudo tinha acontecido — eu e a Hélia estávamos de férias. O destino era o Rio de Janeiro. Em pleno 29 de dezembro de 2006 veio a ligação fatídica que nos desviaria do percurso da promessa de assistir aos fogos de Ano-Novo. Era uma bomba. Autoridades haviam confiscado o equipamento da Soico, e a alegação era o não cumprimento de uma ação judicial.

Tudo isso se desenrolara por causa de uma antiga funcionária da Editores Associados Ltda., até então proprietária do jornal O *País*, que mantinha uma ação judicial contra sua empregadora. Havíamos adquirido a marca e detínhamos apenas o nome do jornal — não os negócios, nem os compromissos laborais. Isso estava muito claro no contrato.

Só que judicialmente a coisa se desenrolou de maneira diferente. E o entendimento jurídico foi de que as obrigações do antigo empregador recairiam sobre nós, como se fosse de nossa responsabilidade. Assim, a justiça mandou penhorar nossos bens, não apenas os do jornal, mas também os do Grupo Soico, e foi a partir de então que os oficiais levaram computadores, impressoras e outros meios de trabalho, e aquilo aconteceu propositalmente no último dia útil do ano — antes do início das férias judiciais, que durariam sessenta dias. Era o cálculo perfeito para amordaçar a emissora. Queriam nos parar.

No entanto, a repercussão do ocorrido gerou um debate na mídia jamais visto antes em Moçambique. Houve um levante da sociedade a nosso favor. Era como se estivéssemos sendo censurados. E enquanto eu tentava entender o que se passava e buscava resolver as coisas, diretamente do Brasil, a operação em Moçambique era de guerra. O desafio seria conseguir manter a emissora no ar com o pouco equipamento que não constava da lista de materiais confiscados. E depois da frase sobre o silenciamento, a comoção nos envolveu.

Foi um momento de virada da vida, que poderia ter me feito desistir. E eu acredito que, nesses momentos determinantes, podemos decidir que rumo tomaremos. Hoje, fazendo uma retrospectiva de toda a minha trajetória enquanto escrevo este livro, compreendo que aquilo me traria a mais valiosa das lições: entender que todo trabalho que fazemos na vida impacta alguém. E eram tantas as pessoas impactadas que aquilo deixava claro que havíamos nos tornado muito maiores do que podíamos imaginar.

Nossa instituição era uma gigante. E eu nem sonhava que poderíamos ser defendidos com tanto fervor pela sociedade, pelas instituições, por personalidades e por líderes religiosos. Enquanto eu via as imagens de tudo sendo desmontado, acreditando que poderia ser nosso fim, algo muito maior estava à espreita, mostrando que aquele seria nosso grande triunfo.

Olhando em retrospecto, hoje compreendo que por ter tido a resiliência de respirar fundo num momento em que muitos desistiriam é que me tornei o empresário que sou

Entender que todo trabalho que fazemos na vida impacta alguém. E eram tantas as pessoas impactadas que aquilo deixava claro que havíamos nos tornado muito maiores do que podíamos imaginar.

— **Daniel David** —

hoje. E como existe ética, do que não abro mão quando julgo que algo é certo, eu tinha plena consciência de uma coisa: não havia qualquer justificativa para aquele ato. Estávamos sofrendo uma injustiça desmedida.

Se alguém nos faz uma maldade que nos afeta, devemos ter a consciência tranquila de que nossos princípios estão acima de tudo. E eu estava convicto de que não havíamos feito nada de errado. Essa convicção me favoreceu ao ficar tantas horas resolvendo as burocracias todas pelo telefone — o que acarretou um prejuízo de mais de 20 mil dólares de conta de telefone.

Para mim, parecia evidente que aquela emboscada se tratava de uma desonestidade pela forma como aquilo havia sido arquitetado. Em data e horário estipulados para que fôssemos prejudicados. Mas no vocabulário daquele Daniel que tinha sido protagonista de uma propaganda de *Keep Walking*, não havia a palavra desistir. Eu não podia desistir. Não num momento como aquele.

Era uma emissora sendo fechada de modo abrupto, numa injustiça que trazia à tona uma inquietação da população. O povo se erguia pela primeira vez por uma causa. Nessa época, três coisas fundamentais poderiam impactar nossa sobrevivência no ar. Percebi que, em termos tecnológicos, embora aquilo me enfraquecesse, não fecharia a emissora. Enfraquecia o conteúdo, mas não nos impediria de prosseguir.

O segundo impacto que tive foi a percepção — em curto espaço de tempo — de que nós éramos muito mais — em termos de importância — em relação ao que percebemos. Parte da nação se revoltava e se unia contra uma injustiça. Era uma voz dizendo "basta". E naquele momento eu senti que quando damos algo que agrega valor à vida das pessoas, elas nos retribuem.

Aquele foi um grande gesto de agradecimento e reconhecimento. Era como se uma nação dissesse: "Daniel, não estás sozinho. Estamos juntos e vamos todos lutar". Essa onda também impactava as pessoas que queriam nos esmagar como se fôssemos mosquitos impertinentes. Foi a partir dali que elas entenderam que éramos muito mais incômodos. Éramos muitos. E éramos gigantes.

Eu sempre digo e reafirmo que quem planta alguma coisa boa, no momento certo será recompensado. Eu percebi ali o que plantei. E me sentia protegido por muita gente. Como se uma semente tivesse se transformado numa árvore frondosa cuja sombra pudesse me trazer abrigo num dia de muito sol. Comovia-me como religiosos e cidadãos comuns, uma verdadeira multidão, se colocavam à nossa disposição. Se antes eu não podia parar pela minha equipe, naquele instante era por eles que eu lutava.

As pessoas nos ofereciam ajuda de todos os tipos. De computadores à mão de obra. E embora eu estivesse assustado, ficava confortado com cada gesto, porque sabia o impacto e a relevância que tínhamos na vida de pessoas que nem sonhávamos impactar. Era um momento sensível, no qual todos se movimentavam. E hoje eu posso afirmar com convicção que um empresário, num momento de ruptura, quando acredita que não há mais saída ou plano de fuga, o que o faz continuar é enxergar quem são aqueles que foram impactados pelo seu trabalho. Algo que eu não enxergava antes.

Eu sempre uso a frase "Quando temos uma perda na vida, chamamos por Deus. E quando temos uma perda e não acreditamos em Deus, temos que arranjar um substituto". Porque, nesse momento da vida, havia uma fé que vinha lá do íntimo — de enxergar aquela situação como uma prova.

Colocando a cabeça no lugar, depois de aquietar meu coração, fiz o que tinha de ser feito. Observei o que poderíamos fazer em nível jurídico, financeiro e a respeito dos equipamentos apreendidos. Tivemos que mapear a pior situação que teríamos. Sabíamos que não havíamos cometido nenhum crime. E é aí que entra algo inimaginável: a fé. Quando se acredita que se está protegido por uma fé, algo sobrenatural do universo, tudo conspira a nosso favor. Aqui eu não quero me referir àquela fé das pessoas que ficam sentadas no sofá esperando que as coisas caiam do céu. Eu me refiro à fé daquele que levanta, anda e luta apesar das condições extremas, dos medos, dos obstáculos, das tempestades que assolam nossa alma.

Seria simples (para não dizer infantil até demais) acreditar que Deus desceria até a Terra para resolver os nossos problemas. Eles não se resolvem sem ação. Todos devemos fazer a parte que nos cabe. E eu, em nenhum momento, recuei. Sempre estive atuante, com fé, fazendo a parte que me cabia para que tudo se resolvesse da melhor maneira possível. Estávamos todos unidos com uma sociedade inteira ao nosso lado. E aquilo me mostrava que a luz que damos para as pessoas sempre voltará para nos iluminar nos momentos difíceis.

Isso não é material. É aquilo que irradiamos para a sociedade e para as pessoas que nos transforma. Eu não estava mais dentro de uma mina buscando ouro. Se em algum momento algo ou alguém quis nos apagar, essas pessoas acenderam a luz para que não ficássemos na escuridão. Aquele momento foi a força de que precisávamos. E pode ter certeza: tudo o que fazemos — sem querer qualquer recompensa em troca, desde que seja feito com amor e clareza, será retribuído pelo universo através das pessoas que vão nos acompanhando sem sabermos.

Esse movimento me fez entender que existia algo muito maior agindo a nosso favor. A semente havia sido plantada e, naquele instante, estava germinando. Ganhei uma responsabilidade para além daquilo que eu imaginava que estava sendo feito. Eram a honra e a voz de um povo silenciado em questão. Quando os nossos valores éticos são aceitos, porque não semeamos pensando que estávamos a semear, entendemos o quão valioso e rico pode ser o retorno daquilo que fizemos. A vida é isso.

Não pensar se estamos semeando a luz. Viver a vida focados na forma de ser e estar no mundo para que se projete essa luz. E quem está nisso — nesse modo de estar — recebe uma retribuição. Naquele momento de grande impacto social, eu repensava o quão grande era a responsabilidade de liderar aquele projeto de uma empresa de comunicação.

Quando temos uma dor qualquer, algo temos que aprender. Não há dor com a qual não possamos aprender alguma coisa. E aquilo foi um momento de muito aprendizado. Isso reforçou o princípio de que não era o dinheiro, o autocrescimento, não era nada disso que estava em jogo. O que estava em jogo era a forma como eu existia como emissora. Tanto para os colaboradores que trabalhavam conosco quanto para a sociedade. Isso se concretizou e se potencializou.

Os colaboradores não pensavam no salário e no contrato. Estavam todos juntos numa luta. E isso é imensurável. Não há dinheiro que pague a lealdade e a justiça. A energia e confiança que esse episódio gerou foram tamanhas que eu entendi que jamais poderia deixar aquelas pessoas na mão. Era por uma causa que não era minha, mas de todos. E enquanto eu poderia ter colapsado, entendi que não estar sozinho nesse momento me fez ressignificar tudo.

Revertemos a situação para mostrarmos a verdade. Não havia razão para tomar aquela decisão. Hoje sei que existe um momento que divide a história de Moçambique. Um antes e um depois. Marcamos um momento histórico ao colocarmos uma televisão voltada aos "sem voz", na qual cada um poderia expor seus sentimentos com responsabilidade. Ninguém poderia nos calar. A luz venceu, irradiando seu brilho para toda uma população sedenta por justiça.

9

UBUNTU

O crescimento da emissora me fez atingir um patamar profissional que não tinha conhecido até então. Só que a grande diferença foi que, apesar de voar, continuei com os dois pés fincados no chão. E isso, na vida de um empreendedor ou qualquer pessoa que queira ocupar um cargo de liderança, faz toda a diferença. Porque, embora a gente entenda que possa voar, é somente quando entendemos que o mundo não deve ser capaz de nos iludir que estamos aptos a encontrar altitude e subir para níveis ainda mais altos.

Desde que comecei a empreender entendi que deveria sair da caixa. Era isso o que me confrontava. Conhecer lugares, culturas e pessoas diferentes ampliava minhas referências. E eu sabia isso desde muito novo, quando decidi ir para a África do Sul trabalhar nas minas. Mesmo que tenham sido referências que me impactaram negativamente, todas elas me construíram como homem, e é imprescindível que saibamos que todas elas são capazes de nos transformar como seres humanos.

Nos negócios eu ganhei habilidades. Ao trabalhar na televisão pública, quando fazia importação de mercadoria que vinha de fora do país e conhecia a tramitação das alfândegas, ganhava a habilidade única de conhecer o circuito de compras internacionais. Dessa forma, estava apto a entender que precisava expandir cada vez mais meus horizontes.

Quando fiz um curso de comércio internacional, oferecido pela Organização Mundial do Comércio (OMC), percebi que existia um método naquilo que eu já fazia instintivamente. Além disso, as viagens que eu fazia me permitiam interagir com os fornecedores e ampliavam minhas referências. E são as referências que nos abrem a visão e o apetite de fazer coisas novas.

Foi quando aterrissei em Cannes, na França, e participei da maior feira de conteúdo do mundo, a Marché International des Programmes de Communication (MIPCOM), que percebi o quanto o ser humano pode expandir seus horizontes entrando em contato com aquilo que é diferente. Da mesma forma como a novela *O clone* impactava uma cultura em Moçambique, todas as viagens que eu fazia me traziam novas referências.

Foi então que tive o maior dos aprendizados de minha vida: uma pessoa ambiciona a dimensão das suas referências. Se eu tiver referências de um lugar fechado, vou ambicionar aquilo. Se as minhas referências se abrem mais, a minha ambição é muito maior. As minhas referências eram ilimitadas, e eu tentava cada vez mais ampliá-las.

Mesmo sem perceber que fazia isso desde muito cedo, a exemplo de quando saí da escuridão das minas para dar aulas ao filho de um africano branco dentro de sua casa em pleno apartheid. Ali nascia algo dentro de mim que carrego até hoje: uma certeza de que quando um ser humano se reúne com outro, as barreiras, sejam elas quais forem, desmoronam totalmente.

Hoje sou uma pessoa que, diante de outro ser humano o enxerga como tal. Não vejo cor de pele, etnia, classe social ou posição hierárquica. Sou capaz de ser eu mesmo seja com quem estiver. Se dentro da emissora que criei nosso slogan era "Onde a gente se vê", isso representava meu esforço em demonstrar que o preconceito ou a discriminação jamais deviam estar presentes nas relações. E é esse DNA que incorporo desde sempre às minhas relações — sem saber ao certo se fui eu quem impôs essa visão à emissora, ou se ela é uma extensão daquilo em que sempre acreditei.

Há alguns anos fui recebido pelo até então presidente da França, Jacques Chirac, para o Fórum Afrique Avenir, que promovia encontros de histórias africanas de sucesso, organizado por iniciativa do presidente da república em 12 de fevereiro de 2007, na Cidade das Ciências e da Indústria, em Paris. Nesse dia, ele deu a palavra a sessenta oradores de toda a África, cujos sucessos profissionais testemunham a diversidade, a vitalidade e a criatividade desse continente.

Essa iniciativa nasceu de uma observação: a África é, muitas vezes, descrita com uma imagem negativa veiculada pela mídia. Outra África, pouco conhecida do grande público, existe, que é a do dinamismo, a do sucesso e a da esperança. Com efeito, abundam os exemplos de homens e mulheres cujas iniciativas têm misturado habilmente tradição e tecnologia e refletido a realidade econômica local e global.

Naquele dia pisei no palco sendo o mesmo Daniel que um dia atravessou uma fronteira e pisou dentro de um elevador carregado de negros prestes a descer vinte andares de elevador para debaixo da terra. Eu era eu mesmo. Independentemente de tudo aquilo que representava ou que havia conquistado.

Não sou alguém diferenciado, ou então uma pessoa com mais carisma do que você. Sou apenas eu mesmo, não importa a circunstância. Brinco com pessoas de qualquer classe do mesmo jeito, sem problemas e me sinto à vontade com qualquer um — mesmo que essa pessoa seja um chefe de Estado.

Certa vez, num evento realizado pela minha emissora, eu estava sentado ao lado de um chefe de Estado e percebi que nossa mesa estava recebendo as refeições antes das demais. E havia uma mesa próxima que ainda não tinha recebido nem mesmo a entrada, enquanto já degustávamos o prato principal. Aquilo me tocou profundamente. Como as pessoas da cozinha podiam acreditar que era de extrema importância servir a mim e ao chefe de Estado antes dos demais convidados? Pedi licença a ele, quebrando o protocolo, e fui até a cozinha pedir que servissem as outras mesas.

Eu não sou um sujeito engessado. Jamais serei. E entender que somos todos iguais pressupõe enxergar quando somos tratados de maneira diferente. Porque, se isso nos salta aos olhos, é preciso refletir e ampliar a discussão, trazendo para o debate o conceito de igualdade — como naquele jantar em que apenas algumas pessoas comiam antes das outras. Reflita por um momento: será que em algum estágio da sua carreira você deixou de ser quem é?

Muitas pessoas, quando começam a empreender, ou quando estão no mercado corporativo, acabam se tornando o nome do crachá, o cargo, em vez de representar o que são. E o segredo é que nunca caminhei e transitei por esses lugares com essa bandeirinha na testa. O maior prazer que tenho na vida é servir. E acredito que todos os que ocupam um lugar de liderança, estejam onde estiverem, devem estar cientes de que servir é uma das principais obrigações de um bom líder.

Quando interrompo uma reunião e vou fazer um café para servir, não faço isso para mostrar algo para alguém. Faço porque é parte de mim. É uma característica minha. Poucas pessoas percebem que a verdadeira liderança serve, e eu me sinto completo quando sirvo. Sinto-me realizado quando sirvo. Mas o ato deve vir da sua alma, espontaneamente.

A minha existência é a razão da existência das outras pessoas. É nesse conceito que me pautei, e é por esse princípio básico que estamos a servir. Por isso, quando me questionam qual é o segredo do sucesso, eu sempre digo e repito: ser quem você é em essência. Eu nunca deixei de ser quem eu era. Podemos mudar de vida, mudar do lugar onde moramos, sair de um lugar humilde para o mais sofisticado do mundo,

O maior prazer que tenho na vida é servir. E acredito que todos os que ocupam um lugar de liderança, estejam onde estiverem, devem estar cientes de que servir é uma das principais obrigações de um bom líder.

— **Daniel David** —

mas a única coisa que não pode mudar é a nossa essência. E a minha não muda, esteja onde eu estiver. Como me relaciono com variados tipos de núcleos, a resposta é sempre essa: sendo quem eu sou, tenho minha integridade. Entrego aos outros o que sou genuinamente e, assim, sempre recebo de volta algo muito maior. Quando somos o que somos de uma forma honesta e íntegra, as pessoas sentem como se fossem um espelho do que é a essência de um homem. Elas entregam de volta essa maneira de ser.

O ser humano pode até ser preconceituoso, mas quando se depara com alguém de bem, o preconceito cai por terra, e, ao cair por terra, ele se torna Ubuntu. Ubuntu é uma noção existente nas línguas zulu e xhosa — línguas bantu do grupo Nguni, faladas pelos povos da África. Na África do Sul, a noção de Ubuntu ligou-se também à história da luta contra o apartheid, e inspirou Nelson Mandela na promoção de uma política de reconciliação nacional.

A essência do Ubuntu é ser humano. Essa filosofia trata da essência do ser humano que valoriza a importância do Eu na sua busca de sentido através do encontro com o outro, numa relação de interdependência construtiva. Só somos todos porque somos um. E é só desse modo que podemos crescer juntos.

10

POSICIONAR PARA VIVER

Um camaleão é um animal de corpo estreito, cuja capacidade de mudar de cor lhe permite camuflar-se no ambiente. Assim como ele, muitas pessoas vivem como um camaleão, travestindo-se de cores conforme mudam de lugar. A pessoa veste-se de uma postura e não tem uma identidade definida. Não tem clareza de sua missão nem de seus objetivos; ela apenas dança conforme a música. Eu, definitivamente, nunca fui um camaleão.

Quando se decide iniciar qualquer empreendimento, existe algo que se torna inegociável: seus propósitos. É por meio deles que sua marca criará um posicionamento. E as suas atitudes definirão tudo a partir de então. Um dos momentos mais conflituosos da Soico foi decisivo para que entendêssemos qual era nosso papel na sociedade. E todo cidadão e toda empresa devem ter esse posicionamento muito claro e a todo instante.

Era fevereiro de 2008 quando as pessoas foram às ruas fazer uma manifestação contra o aumento do preço do pão e do transporte público. A manifestação não foi feita de forma pacífica. Alguns atearam fogo em pneus; outros bloquearam ruas, e o resultado foi a paralisação de toda região metropolitana — que ficou parada durante três dias.

Como cidadão e empresário, eu sabia que nossa emissora não poderia deixar de fazer a cobertura de tudo o que estava acontecendo. E como as instituições envolvidas não queriam dar entrevistas, sua fragilidade ficou exposta, enquanto fazíamos as imagens chegarem às casas através da nossa cobertura jornalística, o sistema político não ficou nada satisfeito com aquilo.

Eles acreditavam que, ao transmitirmos aqueles fatos, estávamos incentivando os atos. Como se colocássemos combustível nos protestos. Então, começou uma guerra fria. A interpretação gerava uma narrativa dos governantes de que a stv seria uma "mão invisível contra o Estado".

A retaliação veio aos poucos: para começar, nossos jornalistas deixaram de ser atendidos pelas fontes oficiais do governo. E nós queríamos mudanças. Assim, decidimos organizar um evento de responsabilidade social: uma Marcha pela Paz, na qual defendemos que o povo deveria fazer suas manifestações de modo ordeiro e pacífico. Convidamos as instituições, o parlamento e o presidente da república.

Foi um verdadeiro encontro de necessidades. A aceitação da primeira-dama e do presidente possibilitou que a iniciativa se tornasse bem-sucedida. O líder da nação discursou, os representantes da sociedade civil estiveram presentes e o evento foi um marco histórico.

No final do dia, organizamos um espetáculo de gala, com música, poemas e atrações, do qual o próprio presidente participou. Esse evento desanuviou totalmente o ambiente que estava conturbado com as pessoas que queriam que houvesse uma rusga entre nós.

Só que em setembro do mesmo ano houve uma segunda manifestação popular. Muito mais impactante que a primeira. Fizemos a cobertura total com nossos canais de comunicação, sabendo de nossa responsabilidade como grupo em dar voz a quem não tinha voz.

Era o segundo episódio de uma manifestação complexa com a qual o governo não sabia lidar. E como a emissora do

Estado não fazia a cobertura, a repercussão mais uma vez foi instantânea: acreditaram que demos combustível para que ela continuasse. Tudo parecia ser apenas uma transmissão até que os presidentes de grupos de grandes empresas estatais nos informaram que cortariam a publicidade da emissora. Era um grande boicote.

As empresas públicas que tinham orientação para cortar a publicidade estavam dando um ultimato. E nesse momento, entendi meu papel na sociedade. Meu papel no mundo. Eu não era um camaleão. Não dançaria conforme a música, nem me renderia à ameaça velada. Era uma censura, uma maneira de tirar nossos recursos para que nos calássemos.

Sentei-me diante da minha equipe. Todos com seriedade e comprometimento — e entendi qual era o impacto que haveria em nossas finanças com a saída dessa verba de publicidade. A verdade é que poderíamos sobreviver durante dez meses. Era um fôlego que nos dava tempo, mas não me deixava tranquilo.

Diante disso, não havia alternativa a não ser lutar. Lutar no sentido de não fechar a instituição, porque sabíamos que estávamos dentro da nossa razão. Era um antes e depois para provar se iríamos manter a nossa linha editorial. Naquele momento, poderíamos ter recuado.

A estratégia da sustentabilidade da empresa era: "o que poderíamos cortar?", "Que tipo de gestão podemos fazer?". Foi nesse contexto que tomamos as grandes decisões que precisavam ser tomadas imediatamente. E mexer nos pilares e nos valores que assentam nosso trabalho seria abdicar do que representava a centralidade da razão da nossa existência.

Por isso esse assunto não era equacionado. Não pensávamos em retroagir, mudar a linha editorial ou recuar na nossa maneira de fazer coberturas jornalísticas que trouxessem aquilo que precisava ser dito e mostrado. Nossa problemática era buscar uma sustentabilidade econômica e financeira.

E persistir em nossa maneira de dar voz a quem não tinha voz, isso que nos movia. Isso era um valor inegociável, o princípio da razão da nossa existência — e a partir do momento que se negocia isso, negociamos a nossa alma. E negociamos tudo.

A pergunta que faço a você neste momento é: você está alinhado com seus valores dentro da sua empresa, ou é um camaleão que está sempre transitando bem em todos os ambientes, se esquivando de conflitos para não perder aquilo que conquistou? Posicionamento é algo que toda pessoa deve ter. Não está em causa. E conforme avançamos, naquele momento esse processo ganhou uma dimensão tal que obviamente o país acabou se polarizando — entre os que estavam contra e a favor das manifestações.

O raciocínio que eu transmitia aos meus colegas era de que nosso grupo de comunicação era privado e tínhamos o dever de manter a sociedade informada dos fatos que ocorriam. Era um momento em que todos entravam numa onda de descrença, do país, das instituições, de tudo. E eu sabia que era a inclusão que nos fazia sermos uma coletividade.

As críticas eram sempre no sentido de fazer que as coisas pudessem melhorar. Essa era a causa da nossa própria existência. Queríamos um país livre e democrático. E sabíamos que os direitos de um terminavam onde começavam os direitos do outro.

Na Marcha pela Paz havíamos pregado que queríamos reconciliar as pessoas para um bem comum, mas perder os anunciantes tinha sido um grande aviso. Nossa luta era sustentada por princípios universais que visavam ao bem comum. E eu sabia naquele momento que mesmo que perdesse aquela batalha, o tempo sempre traria o fruto daquilo que eu estava plantando. E foi exatamente o que aconteceu meses depois.

Apesar de perdermos anunciantes, logo em seguida outros voltaram em pencas, e embora tenhamos sofrido em alguns momentos, aquele sofrimento não significava que estávamos perdidos. Um sofrimento e uma dor podem nos trazer uma lição de vida sobre o que acreditamos. E em todos os instantes nosso posicionamento é colocado à prova. Em determinado momento na vida de um empresário, o que precisamos é de um posicionamento, porque ele vai determinar o resto da nossa trajetória. Eu me assumi sem ser um camaleão. Eu não cedi a pressões.

Não queria fazer coisas que não faziam parte da minha identidade como um grupo. Existiam princípios, e a partir do momento que quebramos tais princípios, nossa vida se torna condicionada. A razão da minha existência como grupo e a nossa missão eram bem definidas: "Informar, educar e entreter com qualidade". Isso fazia de nós influenciadores vivos, e não influenciadores históricos mortos. Íamos sempre lutar pelo que acreditávamos.

Não ser kamikaze, analisar o contexto e a cada momento adotar uma estratégia de não violar seus princípios é o que garante a sustentabilidade de um negócio. E garantir que sua presença seja altiva, viva, para que seja uma influência positiva para a vida comum. Eu tinha esses valores claros e podia transmitir esses valores para as pessoas que trabalhavam comigo.

Muitos me perguntam durante minhas palestras pelo mundo: "Como um líder transmite essa cultura para seus liderados?". A verdade é que ela tem que estar muito bem delineada na mente do CEO e do fundador para que também seja absorvida em todas as atitudes dos funcionários; do contrário, isso escapa no dia a dia. Quando nascemos como grupo, definimos essas questões: de dar voz àqueles que não têm voz.

A sociedade nos via como um grupo que a escutaria ativamente e onde teria espaço. Com certa frequência, havia situações em que pessoas nos contatavam quando algo como roubos e furtos aconteciam, tamanha confiança tinham em nós. Discutimos sobre estar a serviço do povo, embora todos tivessem espaço. Inclusive o Estado tinha espaço.

Fomos perseguidos, lutamos por nossos valores, sempre avaliando o contexto e a melhor estratégia. E é assim que um líder deve se posicionar: sabendo olhar para um contexto, um ambiente, e saber como proteger esse ambiente e influenciar. Só mudamos estando. Não mudamos "não estando". Seja quem você realmente é. Essa é a influência que vai trazer a marca para o mundo, para os negócios e para a sua vida.

11

ANTIFRÁGIL

A crise é uma oportunidade. E não digo isso como se fossem palavras vazias jogadas ao vento. Digo com a propriedade de quem viveu muitas delas e sabe que elas podem virar uma vida de cabeça para baixo, até descobrirmos que elas só precisavam que nos reinventássemos.

Na crise que enfrentamos ao perder nossos patrocinadores, entendi que era hora de reestruturar todo nosso jeito de pensar e agir como empresa. Era hora de criar e nos preparar para o futuro. E hoje percebo o quão importante é para os empresários enxergarem que não deve existir apenas uma fonte de receita. Aquela boa e velha história de colocar todos os ovos dentro de uma cesta só. Porque só pensamos nisso depois que perdemos todos. De uma vez. Perdi muitos ovos naquele momento e aprendi a diversificar.

No entanto, naquele instante, um sinal de alerta me fez crescer como nunca. Vimos ali a oportunidade de baixar os custos operacionais, obter ganhos com investimento em tecnologia e decidimos digitalizar os processos produtivos. Começamos a investir em câmeras robóticas para os estúdios e implementamos sistemas digitais. Eram novidades nascendo em meio ao caos.

A tecnologia de ponta, com equipamentos de baixo custo, nos trazia flexibilidade. Ao mesmo tempo, mudamos a maneira como era feito o jornalismo. O mesmo profissional tornava-se produtor de conteúdo para todos os veículos de mídia do grupo. Assim, o mesmo jornalista produzia e publicava em todas as nossas plataformas: TV, rádio, jornal. Com isso, investimos na formação dos próprios profissionais.

Dessa forma, sobrevivemos ao corte da publicidade e criamos uma reestruturação que nos preparou para o que veio depois. Passamos a prestar serviços a terceiros. Decidimos que poderíamos criar negócios que não podiam ser confundidos com o jornalismo. E entendemos que a STV teria de ser vista como uma empresa de comunicação social.

A verdade é que as crises que tivemos com o governo nos ajudaram a acelerar a diversificação dos negócios e a não depender de uma única fonte de receita. Era uma sacudida na nossa maneira de ser e de estar. Hoje percebo que, mesmo sem estar dentro de uma crise, um empreendedor pode identificar situações que podem ocorrer para que ele seja realista e entenda o que pode fazer de novo dentro do que dispõe hoje.

A primeira coisa que devemos ter em mente é que todos nós, ao realizarmos algum negócio, temos que aceitar que estabilidade não existe. Como a estabilidade não existe, isso implica termos um portfólio que nos faça aguentar os momentos de turbulência e nos faça crescer em tais períodos. No entanto, o cérebro humano está formatado para a economia de energia.

Muitos de nós temos esses conceitos de inovação em nossa mente, mas não os executamos ou implementamos porque entramos no comodismo da realidade. O assalariado sabe que está recebendo um dinheiro no final do mês e que talvez nunca receba uma promoção, porém se acomoda à situação em que vive. Só que as crises chegam como um chacoalhão. E elas nos machucam, fazem doer, mas também nos empurram a concretizar aquilo que postergamos.

Sempre acreditei que todo sofrimento nos traz alguma lição de vida e nos ensina alguma coisa. E é esse sofrimento que nos torna antifrágeis. Fragilidade é algo que se quebra com muita facilidade. O antifrágil tem o significado oposto — é algo que não se quebra tão facilmente. E diante de uma situação adversa, ele ainda consegue sair fortalecido. Por isso, ser antifrágil não é estar blindado diante de tudo o que acontece. É saber se fortalecer diante do caos e das tempestades. É entender como evoluir diante daquilo que tenta quebrá-lo ao meio. E, dessa forma, a antifragilidade permite que novos erros aconteçam, se repitam e que seja possível aprender com eles.

O termo foi cunhado pelo professor Nicholas Taleb, que diz que, em situações de mudança, enquanto os frágeis perdem suas capacidades, os antifrágeis se beneficiam das circunstâncias e evoluem.* Numa organização antifrágil, o crescimento é maior conforme os problemas que ela enfrenta. E para se tornar uma empresa antifrágil, é importante que tenhamos a consciência de que o inesperado sempre irá existir e precisamos ter habilidade de lidar com obstáculos. Isso nos dá mais resiliência, maior capacidade de reação, melhora de desenvoltura diante de adversidades e uma nova adaptação.

Para um empreendedor, a lição que se tira disso é que a dor que enfrentamos tem de ser interpretada como um ensinamento. E a partir daí passarmos para o próximo nível. Só que pode reparar: não fazemos nada que nos impulsione ao crescimento quando estamos na zona de conforto. Ao estarmos conformados, vamos ao serviço, voltamos, temos nosso salário. Vivemos dentro de uma rotina limitante. E quando aparece uma crise, nos perguntamos: por que não fiz isso antes?

Hoje sei que o grande aprendizado que tive com tais crises foi acelerar o que já sabia, porque tinha aprendido bem cedo como fazer o que precisava ser feito. Sempre que esta-

---

* TALEB, Nassim Nicholas. *Antifrágil: Coisas que se beneficiam com o caos*. Rio de Janeiro: Objetiva, 2020.

mos bem num negócio precisamos pensar no próximo nível. E isso deve ser feito quando o negócio estiver no seu auge. Isso porque quando estamos passando por períodos turbulentos mal conseguimos pensar. Nem em estratégias, nem em novos modelos de negócio. Somos engolidos pelo medo de não resistir e não conseguimos dar nenhum passo adiante.

No entanto, quando estamos com tudo indo bem, temos espaço mental para alavancar nosso crescimento e podemos fazer tudo com mais serenidade. Mas é próprio do ser humano postergar o crescimento. E, nesse momento, o aprendizado que tenho é que quando o negócio está prosperando, é sinal de que tenho que crescer e criar uma realidade, mesmo sem nenhuma turbulência à vista.

O que acontece com frequência é que o ser humano, em geral, perde a capacidade de sonhar. E a neurociência explica que muitos ficam tão embotados no mesmo jeito de agir que não conseguem mais criar caminhos neurais para novas realidades.

Percebo, ao conversar com as pessoas, que muita gente perdeu a capacidade de sonhar depois da pandemia, porque muitos entraram num estágio de sobrevivência, com medo de perder o emprego, e de que aconteça mais uma vez. Pensar em sobreviver faz o cérebro só conseguir ativar seu instinto de sobrevivência. E ninguém é capaz de sonhar assim. Perde-se a capacidade de fazer projetos e criar conexões pensando no futuro. O cérebro se acostuma apenas a sobreviver.

Funcionamos por estímulos. A mente recebe uma mensagem tal que nos faz reagir de uma maneira inesperada. Pode perceber: um policial é treinado para agir, mas o ladrão corre mais que ele numa fuga porque seu sistema de sobrevivência consegue fazê-lo dar o máximo de si. O estímulo é outro.

Por isso, sempre precisamos estimular nossa mente dizendo a ela que "o sucesso de hoje é nada perto daquilo que pode acontecer". E ao abrirmos nossas referências, temos a dimensão de que o êxito atual é uma fagulha do de outra pessoa. O aprendizado que tiro é que o crescimento e a prosperidade oriundos do sucesso criam em nós uma sensação de conformismo, o que nos leva a crer que estamos parados. É antagônico.

Se estamos no auge, podemos saltar para o próximo nível. Isso nos coloca em alerta. E aqui não é para ficarmos obcecados, é para que possamos perceber que existe mais a ser conquistado. Quando adquiro o melhor carro do mundo e vou para o melhor lugar, acreditando que estou no topo, tenho que imaginar que uma outra pessoa está celebrando que construiu uma nave capaz de ir para a Lua.

O mundo é infinito. E Deus infinito nos dá. Mas nossa mente é estreita, e não conseguimos vislumbrar as infinitas possibilidades. Ao percebermos que a vida é abundância, nos jogamos nos sonhos e abrimos novos caminhos. Dessa forma, paramos de percorrer um caminho estreito com nossa mente e passamos a nos lançar à vida. Não somos eternos.

Nossas opções de vida têm que ser opções de realização para que possamos gozar de plenitude em essência. E possamos viver nossa vida. Não adianta viver numa casa de que não gostamos ou num emprego que nos encolhe. Aprender que a crise é uma oportunidade, e o sofrimento e a dor são uma faculdade que nos ilumina a passar de um nível inferior para um nível superior, é entender que também podemos evitar que uma crise seja necessária para nos elevar.

12

INDEPENDÊNCIA OU MORTE

Imagine que você está numa corrida de carros. Quando é dada a largada, o outro motorista sai com seu carro em disparada. Vocês estão numa cidade. Enquanto ele respeita as regras de trânsito, você corre, passa pela faixa de pedestres enquanto alguém tenta atravessar o farol vermelho e, quando finalmente ganha a corrida e está recebendo o prêmio, é algemado, porque atropelou alguém que sequer notou durante o percurso.

Isso é o que acontece com muitos empresários e empresas que literalmente "atropelam" tudo e todos para chegarem mais rápido aonde querem e, com isso, destroem muita coisa durante o percurso. É importante que todos saibam que toda colheita é garantida, mas colhemos exatamente aquilo que plantamos.

Quem ganha, e passa por cima dos outros, está chegando aonde quer chegar, mas não chega da melhor maneira. Essa pessoa colhe na celebração tudo o que plantou. Se não cumprir as regras, pode ter severas consequências. Por isso temos que ter muito cuidado e construir nossas relações baseados em alguns princípios que nos garantam que estaremos bem quando chegarmos lá.

Reputação e credibilidade não se compram na esquina. Ao contrário, elas são construídas com as nossas atitudes no dia a dia. E alguns acontecimentos foram vitais para que percebêssemos que teríamos que ter sempre o máximo de cuidado, como empresa de comunicação, porque muitos queriam nos ver escorregar.

Quando houve o corte da publicidade pelas empresas estatais — um verdadeiro boicote —, fomos forçados a nos reestruturar. Modernizamos a empresa para preservar nossa independência e o coração do nosso negócio.

Ser independente, no cenário moçambicano e mundial, não é fácil. Na África, com países onde as instituições são fracas, qualquer atuação de um atrevido chega a parecer suicídio total. É preciso estar muito preparado para não falhar nem depender de ninguém.

Uma emissora pode ter uma atuação firme e contundente e não estar protegendo a quem quer que seja. Por isso, tomo todos os cuidados para sempre estarmos dentro da lei e não termos quaisquer eventualidades que possam nos prejudicar. Na minha empresa, temos auditorias financeiras frequentes feitas por autoridades tributárias. Apesar de serem fora do normal e tentarem auditar duas vezes o mesmo assunto, estamos sempre abertos a fornecer as informações necessárias.

Eu mesmo tenho como princípio colocar todas as contas a limpo. Porque percebi que, se não tiver as coisas bem-feitas, ou faltar transparência, podemos ser prejudicados mais uma vez. Apesar disso, estamos melhorando. O país mudou muito. A intolerância, subentendida, ainda existe, mas Moçambique é um país democrático, com abertura. A liberdade cria desafios para empresas como a nossa. Nós, como grupo de mídia, somos obrigados a ter muita clareza quanto ao nosso funcionamento, e essa clareza tem que existir em todos os níveis, não apenas no que se refere ao conteúdo dos nossos programas. Uma gestão financeira transparente e orientada pelas leis vigentes é fundamental para que, à noite, eu possa dormir tranquilo.

A independência é um ativo muito importante para nós. Nos traz credibilidade. E a transparência nos dá forças para não sermos apanhados na esquina por termos feito algo errado. Tenho feito um grande esforço para ter essa transparência, essa clareza. Por isso, quanto mais profissionais forem nossos processos de gestão, melhor. Isso mitiga os riscos de algum problema que poderia ser usado contra nós. Não estou sendo arrogante. Tenho falhas, tenho dificuldades. Porém, esse é o caminho de um negócio de comunicação sustentável.

O grupo entrou num momento transformacional do país. Moçambique é uma democracia ainda jovem. Numa democracia jovem, a liberdade de expressão não é fácil. Há ainda instituições fragilizadas e muito a construir. É um processo de maturação que leva tempo para chegar ao estágio em que estão os países onde isso existe há muitos anos.

Nós, na Soico, não andamos à deriva. Tínhamos valores e princípios que tentávamos seguir para servir aos leitores e trazer a voz aos que não tinham voz. Tentar um equilíbrio para que nossa comunicação crítica tivesse em vista o apoio à consolidação das instituições da democracia. Continuamos assim.

É muito difícil conjugar a independência com a sobrevivência econômica do grupo, tendo em conta que a maior parte da economia de Moçambique ainda depende do Estado, como o maior provedor de serviços. É difícil fazer negócios e ser empreendedor nessa conjuntura. Mas é também nessa mesma conjuntura que nos forjamos e tivemos um sobressalto de inteligência e resiliência para continuarmos a ser relevantes até hoje.

Isso faz do caso da Soico, segundo acredito, um exemplo sem paralelo no mundo. Normalmente, quem cria mídia são famílias abastadas, não uma pessoa que vem de baixo, e cuja trajetória acaba tendo impacto, criando uma estrutura financeira consolidada, nas condições adversas que temos em Moçambique.

A minha filosofia, no contexto, como nosso ponto mais forte, foi trazer para o nosso lado aquilo que move o mundo político: as massas populares. Fui buscar uma programação que movesse a população toda. Com as novelas da Rede Globo, e sendo uma televisão que traz o problema da falta d'água, das estradas esburacadas, da corrupção, o povo se revê. Ganhamos audiência, quantitativa e qualitativamente, ganhamos relevância e qualidade. A publicidade foi entrando, porque as pessoas assistiam à STV.

Precisei me valer de sensibilidade e inteligência para atingir esse sucesso. Tinha como respaldo o povo, que viria em nossa defesa, caso mexessem conosco. Gerimos isso sem ir ao extremo de ameaçar ou entrar em conflito com as instituições, mas éramos e continuamos a ser o que diz o nosso slogan: a STV é onde a gente se vê.

Ter valores éticos é básico em qualquer negócio. Não precisa ser dito. Deveria fazer parte da nossa essência, e por causa da especificidade da ocupação em que estou, preciso estabelecer negócios da maneira correta. O sim que a pessoa dá tem que ser sim. Não pode ser falta de integridade. E o "não é não".

Todos os compromissos que assumimos todos os dias geram consequências. E manter nossa palavra até o fim faz que firmemos compromissos sólidos. Ter transparência nos negócios é muito importante como cidadão e empreendedor. E se quebramos esse ciclo amanhã, podemos quebrar o negócio inteiro.

Já sofri com acordos que não foram transparentes. Pessoas que tentaram passar rasteiras em mim. E pode ter certeza de que como CEO de um grupo de comunicação social, todos os dias estou interferindo na vida de muitas pessoas. Assim, adotar essa postura é uma tremenda responsabilidade, já que a expectativa de todos é muito grande.

A todo momento, vamos deixando rastros na nossa vida. E na vida profissional muitos não percebem isso, que um simples deslize pode fazer você cair. Vejo muitos profissionais querendo construir negócios a qualquer custo. Mas tem que ser com princípios éticos, senão não se chega a lugar algum.

    Não adianta chegar ao topo atropelando quem vier pela frente. É preciso ter humildade, transparência e clareza o tempo todo porque as regras do jogo precisam ser levadas a sério. É fundamental sermos nós mesmos em todas as circunstâncias. Ganhando ou perdendo. O que importa é que sejamos íntegros. Queimar a largada ou chegar antes à linha de chegada sem ter cumprido aquilo que foi combinado não nos faz melhores do que ninguém — só mostra o quanto ainda precisamos crescer como seres humanos.

Todos os compromissos que assumimos todos os dias geram consequências. E manter nossa palavra até o fim faz que firmemos compromissos sólidos. Ter transparência nos negócios é muito importante como cidadão e empreendedor. E se quebramos esse ciclo amanhã, podemos quebrar o negócio inteiro.

— **Daniel David** —

13

LIVRE

Eu tinha apenas 16 anos. Caminhava para ir à igreja, num encontro da Juventude. E a rotina que eu tinha com meu amigo quando havia esses encontros incluía prepararmos lanches numa das casas antes de irmos. Nesses dias, eu saía cedo e me deslocava até a casa dele para a preparação, que significava quase um ritual para nós dois. Vivíamos um momento tenso em Moçambique, e as tropas ficavam supervisionando o movimento nas ruas. Qualquer coisa era motivo para deter alguém.

Naquela manhã, eu fui o alvo. Preso pela tropa simplesmente porque não estava portando meus documentos. Impedido de ir à igreja no encontro da Juventude, fui jogado com truculência na caminhonete da tropa. E num instante, em vez de sentir desespero por não cumprir com o que eu tinha em mente, tive a sensação súbita de que chegaria à igreja às nove da manhã e declamaria minha poesia.

Num instante, uma paz me invadiu o coração, mesmo com uma tropa que estava determinada a colocar medo em todos aqueles que tinham sido detidos. Nos puseram sentados diante de uma panela gigante onde havia água para fazer um chá. E eu não tomei. "Faço alguns tratamentos e não posso comer ou beber sem fazer esse tratamento", disse.

Os homens disseram então que eu passaria fome. E eu pensei "seja o que Deus quiser". Seja o que Deus quiser. Alguma vez você já deixou as coisas nas mãos de Deus? Já notou como essa resolução se deu na sua vida quando efetivamente o fez?

Era inverno, estava frio, ficamos ali sentados, mas eu estava seguro de que iria para a igreja. Não sabia como, só tinha a certeza de que Deus estava preparando tudo para mim. Comecei, então, a visualizar meu amigo a caminho da igreja, e eu chegando, e três horas depois de ser detido, ao ver que eu não tinha nem sequer tomado o chá, um homem da tropa me chutou para fora.

Era inacreditável. Eu estava livre. Corri até minha casa para tomar banho e fui à missa. Cheguei na metade, e todos ficaram surpresos, pois já tinha corrido a história de que eu havia sido detido. A confiança e a fé que tive nesse dia me fizeram refletir que eu nunca deveria entrar em pânico, pois sempre haveria uma solução para tudo. Quando falo da Zona do Impossível, não me refiro a uma zona do humano. Refiro-me à Zona de Deus, que é acreditar sem ver. Isso faz que viremos a chave e não possamos desistir nos momentos em que tudo e todos parecem conspirar contra nós.

A descodificação de que vou entregar na mão de Deus e vai dar tudo certo não é tão simples de ser descortinada. Porque muitos de nós acreditam que é só delegar a Ele e não fazer mais nada, quando, na realidade, é o contrário: fazer a sua parte e deixar que Deus faça a Dele. E Ele sabe como e quando fazer a parte Dele.

A única coisa em que acredito é que Ele tem feito a parte Dele porque estou ativo fazendo a minha. Porque, sem fazer a minha, não teria acordo. Então, há muitos projetos, muitas coisas em que é impossível, do ponto de vista humano, a pessoa acreditar que podia fazer de um determinado jeito, mas, ao perceber o histórico dos milagres na própria vida, essa contabilidade se mostra real: existe Alguém olhando por nós, e esse Alguém cuida e zela por tudo quando as coisas parecem não ter solução.

Já vivi muitas situações além daquela detenção em que tive certeza de que uma simples falha poderia destruir minha vida. E Deus tem me acompanhado sempre nesses momentos complicados.

Seja em momentos de organizar um evento, por exemplo, quando eu sabia que se chovesse eu estaria destruído, e de repente, como num milagre, não chovia exatamente no momento do evento, mas, uma hora depois do término, a água desabava dos céus. Seja em momentos em que eu preciso confiar de que tudo está certo do jeito que está, sem duvidar dessa força tão poderosa que nos guia e nos conduz.

Muitos empresários não contam com essa Zona do Impossível e não trafegam por ela pelo simples fato de acreditarem, presunçosos, que podem dar conta de tudo sozinhos. Hoje eu sei que preciso fazer tudo o que me disponho a fazer com toda a competência, analisando todos os fatores que dependem exclusivamente de mim. Caso todos esses fatores estejam assentados na terra com pilares fortes, sigo em frente.

E é claro que a pergunta se faz presente: mas e se chover? Ou até mesmo "e se acontecer algo inesperado?". Ou, como em alguns casos, "e se o avião que está trazendo o documento mais importante para o evento tiver o voo cancelado ou atrasar? Cancelo o evento?". Vivemos sempre alguns perigos diante da vida, e a confiança é o que nos faz seguir adiante, mesmo com tantas probabilidades de que as coisas não saiam conforme esperado. E essa fé — da qual não abuso — é a razão que me coloca de pé hoje, implacável diante de tantas circunstâncias.

Muitas vezes eu me pergunto o que qualquer pessoa pode fazer diante do que está acontecendo. E o diferencial é a preparação e a fé que deposito Nele. Por isso, tudo o que faço, observo se está sendo feito com toda minha entrega para que ocorra tudo bem.

Eu acredito que temos capacidade, como seres humanos, para fazermos muitas coisas. E temos também como entender o que podemos e o que não podemos controlar. Na minha vida, a Zona do Impossível é o que me faz chegar onde estou hoje. Porque não desisti, apesar de tantas circunstâncias adversas. Acreditei que, quando chegamos à Zona do Impossível, Deus é quem resolve. Em momentos que ousei, Ele é quem estava ao meu lado para que as ideias que pareciam audaciosas demais se concretizassem.

Em 2014, decidi que criaria o Mozambique Economic and Social Forum, o Mozefo, o maior Fórum Econômico e Social de Moçambique. Eu tinha em mente que precisávamos discutir o futuro, fazer relacionamentos e negócios. Seria como juntar no mesmo espaço o World Economic Forum, importante fórum econômico e mundial onde lideranças de todos os países estão presentes, em Davos, na Suíça, com o Fórum Social Mundial, focado no impacto da economia sobre a sociedade, realizado em Porto Alegre, no Brasil.

O conceito por trás do Mozefo, uma junção de dois fóruns tão importantes para a sociedade como um todo, é o que percebi que precisávamos para um desenvolvimento sustentável. Sempre defendi que a criação de barreiras sociais numa divisão da sociedade produz rupturas e confrontos desnecessários.

E não foi por causa da época em que transitava dentro de um porta-malas para dar aulas sem ser visto que tive esse insight. A vida foi me mostrando a cada dia o que eu precisava enxergar. Para isso, no entanto, eu sempre soube que seria preciso que todos tivessem alinhado os seus esforços e, juntos, cada um com a sua perspectiva: os empresários, a sociedade e o governo — que é o que eu chamo de *Golden Circle*: o triângulo dourado do corpo, do espírito e da alma. Os três precisam conviver em total harmonia — cada qual na sua função. Se essas partes não estiverem equilibradas, o país também não tem equilíbrio.

Aqui vale lembrar que o Fórum nasceu de uma determinação pessoal. Há algum tempo, Moçambique começou a explorar carvão mineral, por meio da Vale, a mineradora brasileira. Convidei o então presidente da empresa, Roger Agnelli, para dar uma palestra em Moçambique. E ele convidou-me para conhecer a Vale no Brasil. Percebi que aquele investimento não seria o bastante para o desenvolvimento sustentável e que podia gerar uma grande inversão de expectativas.

Quando o país passou a receber esses grandes investidores, os governantes tiveram a percepção de que Moçambique já não era "país de quem se fala, era o país com quem se fala". Contudo, tive a impressão de que se tratava de alguma arrogância e que devíamos nos comunicar melhor. Seria preciso criar uma estratégia de comunicação para explicar às pessoas que aqueles recursos, por natureza óbvia, levam muito tempo para impactar na vida do cidadão. E quando assim é, semeiam-se frustrações.

O propósito do Mozefo era contribuir para que, com aqueles investimentos, se produzissem as condições do desenvolvimento sustentável. Era preciso fortalecer as instituições e investir em recursos humanos de modo a enfrentar o desenvolvimento que se avizinhava. Tudo isso para que aquele progresso pudesse se traduzir num desenvolvimento real para todas as pessoas.

Além da fé e da confiança com as quais sempre me identifiquei, também acredito que recursos humanos sejam fundamentais para o desenvolvimento do país. No entanto, quando as grandes empresas vinham negociar em Moçambique, tínhamos um país com uma estrutura de capital humano precário. Empresários que antes não investiam 1 milhão de dólares passaram a lidar com investidores que tratavam de negócios bilionários, inclusive superiores ao PIB moçambicano. Surgiam números que nem cabiam na cabeça dos funcionários públicos.

Eu senti dentro do meu coração que precisávamos produzir recursos humanos à altura dos nossos desafios. Precisávamos de pessoas capazes de lidar com empresas multinacionais do modo "olho no olho". Para isso, era preciso apostar muito na formação de capital humano para as décadas que estariam por vir.

Por fim, faltava outra coisa: qualquer nação do mundo só se desenvolve com instituições fortes, que são os pilares do desenvolvimento sustentável. Se não temos instituições fortes no judiciário, na área parlamentar e governativa — uma sociedade civil forte, com pilares consolidados —, não é possível desenvolver um país.

A fragilidade das instituições em Moçambique, somada à falta de capital humano com conhecimento ou capaz de enfrentar esse desenvolvimento, fez que criássemos o Mozefo como uma plataforma para debater o país que queríamos, considerando essas fragilidades todas. Assim nasceu o conceito disruptivo do fórum.

Com fé e determinação, que nunca me faltaram, comecei a entrar em contato com o governo, porque, sem ele, o fórum não teria tanto peso. Fomos falar com o ministro do Planejamento, que achou a ideia excepcional, e afirmou que o governo deveria abraçá-la também como uma plataforma de partilhar sua política de desenvolvimento.

O ministro convocou o Conselho do Ministério, foi feita uma apresentação e todos ficaram admirados com o projeto. Foi quando construímos uma equipe para submeter o projeto à presidência da república. Buscamos empresas que apoiassem nossa iniciativa, só que em algum momento o projeto deixou de fluir dentro do governo. Soubemos, então, que as pessoas queriam que realizássemos o Fórum no ano seguinte, já que aquele era um ano eleitoral.

Eu sabia que aquilo não seria correto, porque não queríamos que o evento tivesse qualquer conotação partidária. Decidi que ele aconteceria naquele ano. E aquela decisão foi sustentada por uma certeza e uma convicção tão grandes que só poderiam vir de Deus. Mesmo com um cenário externo de dúvida, seguimos adiante. O Mozefo começou a ser questionado e se tornou alvo de uma guerra silenciosa. Lutamos e lutamos para a sua aceitação, mas havia uma dificuldade enorme.

E aqui quero falar de dificuldades. Da mesma forma que alguns dizem ter sorte, gosto de dizer que a sorte aparece quando a preparação encontra a oportunidade. Se a oportunidade surge e não estamos preparados, nem somos capazes de enxergá-la. Por isso a importância de se estar preparado. Ter essa força que vai adiante mesmo quando tudo vem contra nós. Ir à luta sem desmoronar.

Nessa época não fui vencido pelo cansaço. E aqui não quero trazer o cansaço sob um aspecto físico, e, sim, o cansaço mental e emocional. Eu sabia o que tinha feito e estava prestes a fazer tudo o que mais poderia. De consciência tranquila. E quando a consciência está tranquila, estamos em paz com a gente. Quando estou alinhado com aquilo que desejo, a tríade, a mesma de que eu tanto falei no evento — espírito, alma e corpo —, está interligada. E o agora faz que a pessoa viva aquele momento.

Se um dos meus maiores testes de fé foi quando fecharam a emissora e liderei a equipe do Rio de Janeiro, com a convicção de que estávamos certos, quando decidimos a data do Mozefo e todos nos disseram que deveríamos mudá-la para o ano seguinte, fomos firmes em nossa convicção. Tratava-se de um evento de cidadania. Eu poderia fazer sem eles.

Marquei a data do lançamento e, em seguida, recebi um convite de que o maior banco de Moçambique completaria 15 anos no mesmo dia e horário. E fariam uma festa de gala na ocasião. Acontece que todas as pessoas que estavam na minha lista de convidados também estavam naquele evento. O que faríamos com tal circunstância?

Mais uma vez, aquele menino que ia à igreja quando tinha 16 anos e foi detido pela tropa entrou em cena. A certeza de que o evento aconteceria de um jeito ou de outro foi o que me nutriu, e essa certeza veio Dele.

— Faremos para quem estiver presente — decretei para quem quisesse ouvir.

Os governantes não confirmaram, e o tempo foi passando até que o primeiro-ministro confirmou presença e perguntou se poderia fazer a abertura do evento. Eu disse que sim, e a partir de então uma série de ocorrências nos beneficiaram. Quando as luzes do local se acenderam, a sala estava cheia. E isso não seria possível se Deus não estivesse no comando. Porque, em Moçambique, quando um banco convida todos os governantes do país, é um evento imperdível. E, mesmo assim, nosso evento foi um sucesso.

No ano seguinte, mais uma prova de fogo aconteceria. Faríamos outra edição do Mozefo. Para mostrar que nosso fórum procurava criar valor para o desenvolvimento do país, criei uma comissão de honra, com personalidades importantes: o antigo chefe de Estado moçambicano, o presidente Joaquim Chissano, e mais acadêmicos e reitores de universidades.

Aos poucos, algumas figuras políticas começaram a desmarcar. Isso foi muito duro para nós, no sentido de que havia uma má percepção sobre o projeto. Mesmo assim, tomamos a decisão de que íamos fazer o evento. Eu falei, determinado: "O evento vai acontecer com aqueles que Deus acha que devem estar". Fiz tudo o que me cabia para organizar a conferência.

Havia mais de 2 mil pessoas no local quando demos início às atividades. A infraestrutura era perfeita, se não fosse o fato de que um grande transformador de eletricidade explodiu minutos antes de começarmos. Ficamos sem ar-condicionado, num calor de 45 graus. Olhei ao meu redor, e diante do antigo presidente do país, Joaquim Chissano, fiz a pergunta que não queria calar:

— Presidente, estamos com problemas. Explodiu um equipamento elétrico. Não consigo ter ar-condicionado. As pessoas irão sofrer nesta cerimônia.

Havia dois caminhos. Minha primeira proposta seria interromper e fazer um intervalo. A única desvantagem seria que, se interrompesse esse ritmo, perderia o maior impacto que desejava em minha vida. Foi então que ele disse:

— Daniel, se estamos aqui e isso aconteceu, tinha que acontecer assim. Essas pessoas sabem o que é viver num país onde faz muito calor. Se não aguentam, que saiam. Acho que o evento não tem que parar. Eu vou ficar. Se isso aconteceu é porque tinha que ser assim.

Fiquei admirado com aquela resposta, que me trouxe um novo ânimo. Era uma prova de fé. Confiei que tudo daria certo, mesmo quando tudo parecia dar errado. O evento foi um sucesso estrondoso. Eu tenho dito que só quem está na Zona do Impossível faz tais coisas. E só estamos na Zona do Impossível quando estamos caminhando com Deus.

Gosto de dizer que a sorte aparece quando a preparação encontra a oportunidade. Se a oportunidade surge e não estamos preparados, nem somos capazes de enxergá-la. Por isso a importância de se estar preparado. Ter essa força que vai adiante mesmo quando tudo vem contra nós. Ir à luta sem desmoronar.

— **Daniel David** —

14

MAKAGUI

Todas as pessoas têm dias ruins. Aqueles que acordam com mau humor, cheios de problemas, com coisas a resolver e dentro de um ambiente mental tóxico. Nesses dias, podemos tomar uma simples decisão: dissolver tudo isso de modo a não contaminar outras pessoas, ou espalhar pelo mundo tudo aquilo que não conseguimos controlar.

O dia de um empreendedor pode ser tão nocivo como uma ogiva nuclear caso ele não controle a si mesmo e não saiba equilibrar a sua tríade de corpo, mente e espírito. E eu sei bem como funciona essa equação quando estamos em desequilíbrio.

Todos os dias quando acordo, tento buscar o meu melhor. Sei que se não gastar energia na ginástica, chego à emissora soltando fogo pelas ventas — como diria o ditado —, e posso deixar o ambiente em que sou líder e onde deveria inspirar as pessoas, cheio de medos e inseguranças por causa de um comportamento em desequilíbrio.

A pergunta que faço a você, leitor, é: Será que sua tríade se encontra em equilíbrio? Quando falo do equilíbrio dessa tríade é porque sem ela todo o resto não existe. Qual é o grande projeto de empreendedorismo que há na humanidade para cada um de nós? Nós temos que viver o grande projeto, o pilar fundamental de tudo, que é a nossa vida.

Nosso corpo é apenas uma carcaça, e é na alma que reside nossa consciência divina. Não podemos pensar apenas em termos de nutrição para o corpo se não nutrirmos bem nossa alma com aquilo que a preenche e a eleva. Em nossa alma se encontram as emoções, o pensamento, a forma como reagimos e a nossa inteligência emocional. Ou seja, se não temos o controle dessa inteligência, que é o pressuposto de uma mente saudável, não temos nada.

E ao longo dos nossos dias interagimos com pessoas que são capazes de mudar nossa alma e nossa mente de diversas maneiras. E se alimentamos a alma, somos nutridos de um modo que não é simples de ser descrito.

Posso também escolher os ambientes em que irei transitar e aquilo que me estimulará, já que estimular a mente de forma que ela possa se desenvolver é algo que só nós podemos fazer por nós mesmos. Eu estimulo a minha mente através de viagens e de aprendizado com pessoas que me fazem ter um estado emocional melhor. Procuro reagir às contrariedades que me afligem entendendo que cada um que encontro está diante de uma dificuldade e sempre surgirão novos contratempos. No entanto, se estivermos desequilibrados, podemos reagir mal.

A questão é que as provações surgem quando menos esperamos. E mesmo que saibamos que precisaremos interpretar o sofrimento e a dor como um processo de aprendizagem na vida para que possamos captar qual lição Deus nos ensina com aquela dor, há vários momentos em que somos testados.

Na Bíblia, Jó foi testado, e aquele teste servia para que ele provasse sua fé. Estou dizendo isso para afirmar que não é no momento de dor que devemos perder nossa crença. Muito pelo contrário. É justamente nele que devemos nos conectar a algo maior.

O nosso comportamento gera constantes estímulos em outras pessoas, e esses estímulos impactam a nossa mente.

Existe uma reação se o estímulo é positivo, já que a reação positiva gera uma adrenalina diferente.

E é dessa forma que a alma deve estar sempre alimentada. Esse equilíbrio serve como base para o restante. Sem ele, nada vale a pena. E se empreender é identificar problemas e gerar uma solução para eles, ao resolver as adversidades eu agrego valor e elas me dão um retorno ou agradecimento que me fazem crescer.

Para que eu possa empreender em sociedade, tenho que primeiro empreender em mim mesmo, garantindo o equilíbrio saudável entre corpo, espírito e alma, e aí impactar os problemas da sociedade. Um indivíduo incapaz de empreender a si mesmo não será efetivo na sociedade nem terá como colaborar para o crescimento de nada. Logo, o primeiro trabalho a ser feito é interno.

O triângulo dourado do qual sempre falo de corpo, mente e espírito também diz respeito à sociedade, já que uma coisa reflete na outra. Cada indivíduo precisa colaborar em sociedade com as habilidades que Deus lhe deu. E se a pessoa não reconhece as habilidades dadas, ela não consegue contribuir com a sociedade. Por isso, é de extrema importância que haja equilíbrio interno para que haja equilíbrio externo. Antes de ir para fora e impactar a sociedade, esse equilíbrio precisa estar dentro de nós.

Se tiver esse equilíbrio, poderá encontrar a si mesmo e descobrir soluções, seja você quem for dentro dessa cadeia. Se você não tiver equilíbrio, não terá capacidade de impactar outras pessoas e levará seus problemas tóxicos para o outro. A geração da riqueza e do bem-estar começa do egoísmo para o coletivo.

Se eu não estou bem, não posso gerar o bem para os outros. Da mesma forma, se a sociedade, os empresários e o governo não estiverem equilibrados, o país não se equilibrará também. Só existe uma solução. O futuro depende do desenvolvimento das pessoas, que são as grandes agentes da transformação. Mais que o investimento financeiro e material, é a educação o grande fator transformacional e de inclusão social. Esse é o futuro para o qual eu trabalho.

Nesse sentido, lancei, em 2021, o projeto Makagui — palavra que significa, na língua chope, do Sul de Moçambique, "irmão". A iniciativa tem como objetivo, essencialmente, induzir a transformação dos jovens em três áreas principais. A primeira delas é a inteligência financeira. Uma pessoa sem educação financeira não consegue criar ou estruturar a sua vida de uma maneira sustentável, no presente e para o futuro.

A segunda área é o empreendedorismo. As pessoas esperam que outros desenvolvam algo para elas, mas têm de saber e ter a capacidade de empreender por elas mesmas, de modo a impactar toda a sociedade e a sua própria vida.

A terceira área é a da liderança, não no sentido de liderança política, e, sim, a liderança da vida, do propósito que a pessoa tem, de forma a liderar sua própria vida. Obviamente, incute-se aqui a liderança dos outros. Se eu sou empreendedor, vou ter que liderar as pessoas que colaboram comigo.

Nós todos somos capazes, a qualquer momento, dependendo da nossa atitude, da nossa visão, da nossa coragem e das nossas competências, de darmos um salto. A vida é nossa. Nós é que escolhemos o futuro. Temos que ter foco. Esquecer a injustiça do mundo e pensar: O que faço para mudar a minha vida? O meu destino depende de mim. Não se pode colocar nada nos ombros dos outros.

O exemplo que dou é de que o desenvolvimento vem em etapas. Nasci numa zona fronteiriça, e aos 10 anos tive que me separar do meu pai; eu, a minha mãe e os meus irmãos passamos a viver na Matola, na região metropolitana de Maputo. Com o meu pai vivendo longe, e sendo eu o filho mais velho, tive de gerir a família. Porém, todos lutamos com um propósito. Éramos de uma família humilde e queríamos nos transformar.

Depois de tantos anos, quero mostrar que essa geração pode ser transformadora. Para isso, é preciso ter visão, coragem e competências. Isso é o que eu julgo como o pilar da vida de qualquer cidadão. É preciso ter visão da vida que queremos ter. O que nos diferencia dos outros, porém, é a coragem. Queremos muito, mas no momento de dor da barriga, de sentir medo, entra a coragem, para podermos sair da zona de conforto e enfrentar as dificuldades.

Para concretizar e atingir o objetivo que tenho como visão, podem surgir sacrifícios. É como quem faz ginástica. A pessoa sente dor, mas essa dor rejuvenesce o corpo e lhe dá vitalidade. Eu posso ter visão e coragem, mas se não tiver competência, ou pessoas competentes ao meu lado, tenho que buscar essa competência. Senão, não irei a lugar algum.

15

RELAÇÕES

Os relacionamentos entre as pessoas só se tornam sólidos quando agregamos valor uns para os outros. Se não agregamos valor em nada, o que construímos deixa de ser relacionamento. E se torna muito frágil. Temos que olhar as pessoas com as quais queremos nos relacionar e construir pontes.

A partir do momento que identifico o que posso agregar, eu me doo e crio as fundações necessárias para se fazer um relacionamento sólido. O que queremos são relações "sãs", limpas, de relacionamento de um e de outro para que possamos nos olhar cara a cara e dizer "temos uma relação sã, sólida e limpa". Esta só funciona se nós soubermos sempre agregar valor a alguma coisa.

Se não agregam nada, dificilmente esse relacionamento pode ser construído. Esse é o verdadeiro significado do poder do networking. Quando nós estamos num encontro entre pessoas, e a partir daí nasce algo especial que a outra pessoa recebe de nós, ao mesmo tempo que a preenche, criamos uma ligação. Depois disso, uma relação tem solidez para avançar. E isso é necessário para que haja sempre reciprocidade e união entre as partes. Essa é a premissa dos meus relacionamentos.

Certa vez, um grande publicitário brasileiro, Nizan Guanaes, procurava alguém na África que fizesse um perfil de empreendedorismo e inovação, com uma visão local. E conversando com sua assistente, a filha de um secretário-geral da Fundação Roberto Marinho, ele chegou a mim. No entanto, o fato é: quando plantamos relacionamentos saudáveis, o mundo os multiplica. Como já tínhamos uma relação, meu nome surgiu na conversa.

Tivemos longas conversas, almoçamos algumas vezes e como ele apoiava o ex-presidente americano Bill Clinton na organização do Clinton Global Initiative, um grande fórum em Nova York, fui convidado para o evento. Quem formalizou o convite foi o próprio ex-presidente dos Estados Unidos.

No dia do evento, em outubro de 2009, fomos apresentados pessoalmente pelo Nizan, e logo em seguida tive o privilégio de ser convidado para um jantar privado, organizado no Rainbow Room, restaurante no topo do Rockefeller Plaza, com uma vista muito bonita da cidade. Não havia muita gente: havia cerca de quinze pessoas, entre elas o próprio Nizan, sua esposa Donata, a modelo Naomi Campbell e o presidente da Coca-Cola.

Foi aí que o ex-presidente Clinton teceu alguns elogios à minha atuação em Moçambique. Isso só aconteceu porque eles viram em mim algo que refletia os propósitos que eles buscavam. E eu agregava algo a isso. Enxergo que esse foi o pressuposto de estar ali naquele fórum, e até hoje recebo e-mails e convites — infelizmente, no entanto, não consigo atender a todos os pedidos. Entendo que quando não tenho coisas muito concretas para agregar, eu não tento "forçar a barra" querendo estar em todos os lugares somente para aparecer em fotos. Uma relação tem que ser de entrega mútua. Não pode ser de um lado só.

Por isso precisamos entender a nossa relevância em todos os momentos em vez de sermos "mais um" na multidão. Muitas pessoas, porém, se contentam em ser "mais uma", enquanto só precisamos ser "únicos". Eu mantenho as pontes mesmo sem estar muito perto. Estamos distantes, mas estamos juntos, movidos pelos mesmos propósitos.

Os cargos que ocupamos geram relacionamentos, mas nem todos eles serão sólidos. Porque aquelas relações que nasceram do relacionamento pelo cargo nem sempre se sustentam. Muitas delas não duram para além do cargo que ocupamos. Desse modo, relacionamentos são criados por etapas, como se fossem estações do ano. Temos a relação de primavera, verão, inverno e outono. E elas vão mudando conforme a passagem do tempo.

O mais importante não é nos preocuparmos com isso. É ter clareza de nós próprios. É ter a dimensão do relacionamento que queremos cultivar e o quanto devemos focar nele. Aqueles que são sazonais e devem ser vividos nessa sazonalidade.

O problema é que queremos estender as relações quando as estações passam. Mas existem relações transversais, que se mantêm, que são as relações do coração. Porque há relações sazonais que têm que ser vividas. O problema é que não temos clareza disso. Criamos expectativas em torno das relações e queremos que elas permaneçam sempre iguais. Para que permaneçam minimamente iguais, precisamos cultivá-las ao longo do tempo, da mesma forma que uma semente precisa de rega e tempo para florescer. Não é uma tarefa simples.

Por isso precisamos saber quem somos e como servimos. Todos os relacionamentos que estabelecemos são sementes que floresceram. Eu valorizo as relações. Sejam elas sazonais, sejam elas perenes. E entendo que temos relações genuínas e sinceras mesmo sendo sazonais. E valorizo o relacionamento do agora. Relacionamentos são construídos quando agregamos valor a alguém e esse alguém também agrega valor a nós.

Você já deve ter tido pessoas na sua vida que só pedem coisas. Ou você só pede coisas para as pessoas. Mas é preciso ser uma via de mão dupla. Eu tive acesso a pessoas com posicionamento global, mas jamais abusei desse canal. No entanto, quando tocamos as pessoas de forma verdadeira, ficamos no coração delas. Como no caso da atriz Regina Casé, que acabou falando sobre a experiência comigo durante um programa de TV e o relato viralizou pelo mundo.

Só que nem sempre temos a sorte de tocarmos uns aos outros de maneira genuína. No Brasil vivi relações que pareciam ser como a imagem do próprio Cristo Redentor. Pessoas que queriam me receber de braços abertos, mas nunca fechavam os braços para me abraçar, de fato. Portanto, precisamos aprender a gerenciar expectativas em relação ao outro e entender que somos humanos e nos relacionamos, mas temos que fazer um esforço para interpretar isso de maneira segura. Precisamos zelar por nossas relações. Networking é sobre isso. Sobre dar e receber.

WILLIAM JEFFERSON CLINTON

October 7, 2009

Daniel David
Chief Executive Officer
SOICO - Sociedade Independente de Comunicação
108 Timor Leste Street
Maputo 1604

Dear Daniel:

I want to express my profound gratitude for your generous support of the Fifth Annual Meeting of the Clinton Global Initiative (CGI). As a result of the new commitments we helped generate, 2009 has been one of CGI's most successful years to date, and your contributions have been vital to this achievement.

Each year, I am inspired by the hope of individuals who come to our Annual Meeting. Our attendees have always demonstrated an unwavering dedication to not only identifying solutions to urgent global challenges, but also translating those visions into concrete actions that shape progress in our communities. In just four years, CGI members have made more than 1,700 commitments, valued at over $57 billion. I am proud to say that these commitments have improved the lives of more than 200 million people in more than 170 countries.

Our members have proven beyond doubt that we each have the capability to leverage our aspirations into transformative actions. I am honored by your faith in our work, and I deeply appreciate the critical role you play in support of these efforts.

Sincerely,

Bill Clinton

Carta recebida de Bill Clinton, 42º presidente dos EUA
ao longo de dois mandatos, entre 1993 e 2001.

16

APRENDIZADO

Controle. Palavra que todo empreendedor quer dominar. Quer exercer no dia a dia. Quer ter em si como característica. Principalmente quando lidera uma empresa. Controle. Eu aprendi que ele não existe. E se você acompanhou minha trajetória até aqui vai concordar comigo. Nem eu, nem você, nunca estivemos ou estaremos no controle de nada. E apesar de nos apavorarmos com tal possibilidade, é dessa palavra tão presente em nossas vidas que tiramos o maior aprendizado — ou seria desaprendizado? — durante a pandemia.

Foi na pandemia que entendemos que não tínhamos o controle de nada. Para começo de conversa, quero contar como a pandemia surgiu na minha vida. Era um momento especial em que eu comemorava o crescimento de todas as minhas empresas. Estava com grandes recursos financeiros e tinha acabado de tomar uma grande decisão, que era construir a nova sede do grupo, onde teríamos uma infraestrutura condizente com o tamanho que queríamos ter, além de estúdios suficientes para sustentar nossa estratégia de crescimento. Uma expansão e tanto se fazia necessária.

Para isso, ignorei a história de José, do Egito, que nos ensina que nos sete anos da prosperidade temos que poupar, para que nos anos de escassez tenhamos recursos quando a aridez porventura bater à nossa porta. A história do sonho em que ele menciona as sete vacas gordas e as sete magras é que nos transmite isso.

Contando com as vacas gordas, eu acreditei que os anos de vacas magras tinham acabado. E esse erro me custou caro demais. Porque, conforme meus recursos começaram a crescer, sonhei alto para construir uma grande sede. Mas aquele sonho era proporcional ao meu tamanho naquele momento. Não era um passo maior que a perna. Era um investimento que se fazia necessário e para o qual eu tinha recursos disponíveis.

Era hora de usar os recursos que eu acreditava que estavam sob controle. Tudo isso aliado a uma evolução tecnológica. Eu investiria em nossos recursos. Estava certo de que tinha o controle de tudo. A pandemia, porém, veio para mostrar que eu não controlava nada em minha vida.

Do dia para a noite, os anunciantes decidiram poupar seus recursos e pararam de anunciar na TV. E com a queda do faturamento, perdi todos os recursos com os quais contava. Entrei num grande dilema. Não sabia se ficava à espera do fim da pandemia, que ninguém sabia quando seria, ou se continuava dando força e velocidade aos projetos que estavam incubados até aquele momento.

Naquele dia, decidi buscar recursos no banco. Precisava de dinheiro para financiar aquele grande projeto. Continuaria a construir mesmo assim. Mas aquele não era o único desafio. A taxa de juros do financiamento, de 23%, era elevada demais; no entanto, tratava-se de minha única alternativa naquele momento. E como a publicidade baixou ao mesmo tempo que os custos também aumentaram por causa do investimento nos estúdios, comecei a trazer recursos pessoais, além do empréstimo, para não colocar em risco o mais importante que existia na empresa: as pessoas. Eu sabia que não poderia deixar ninguém na mão.

Foi reestruturando e redefinindo meus negócios que assumi que não há controle de nada. Esse foi um grande aprendizado em minha carreira como empresário. Mal controlamos a nossa vida. Só que esse pensamento é uma lição muito grande, porque, embora até hoje eu esteja pagando os juros dessa conta com grande resiliência, sei que fiz por um bem maior. Continuei me movendo, mesmo sem qualquer horizonte. E se fui capaz de fazer isso, me tornei mais forte do que nunca.

Atualmente, mesmo com a dívida do financiamento, percebi que para crescer com ambição e força temos que entender as variáveis que controlamos e aquelas sobre as quais não temos controle. É dessa forma que criamos uma cautela hipotética para não sucumbir nas marés ruins, sempre procurando minimizar e mitigar os riscos prováveis.

Na vida aprendi que o pior erro que eu posso cometer é deixar de viver ou deixar de ter ambição, deixando de acreditar. Por isso continuei me movendo, mesmo na pandemia. Mesmo com todos os fatores externos querendo engolir meus passos. O "não fazer" é a pior coisa que poderíamos fazer em nossas vidas.

Se passamos por momentos de dificuldade, nos quais honrei meus compromissos e negociei prazos com fornecedores, entendi que estar em movimento sempre seria a melhor solução para tudo. Se pararmos, morremos. E todos temos a obrigação de continuarmos a viver enquanto houver vida.

Embora na pandemia eu tenha mudado a forma de me mover nos negócios, percebi que era necessário dar passos, me redefinir e me enquadrar dentro de um novo contexto em que havia novas dificuldades. Crescer num momento de adversidade no qual o mundo fechava as portas foi muito difícil. Mas minha visão sempre foi a mesma: mesmo doendo, devo construir algo que me faça colher frutos para conseguir criar propósitos.

Evidentemente, não é fácil. É um quebra-cabeça gigante que exige um salto de inteligência e resiliência fora do comum. E todo líder passa por um momento na vida em que se sente só. É como se atravessássemos um deserto sozinhos, sem água e sem sombra, sem a perspectiva de enxergar onde poderá parar para beber algo. O líder está só no deserto. E nesse momento ele se encontra consigo mesmo.

    Estar vivo é caminhar. Sempre caminhar e buscar as forças onde se está. Buscar inteligência. E isso não significa bater com a cabeça na parede até conseguir algum resultado. É caminhar com clareza e com adaptabilidade ao contexto que está se vivendo. Isso não é persistência cega; eu chamo de persistência criativa. Persistência criativa é se adaptar ao contexto e ao momento, buscando sempre a inovação que se encaixe ao caminho que estamos buscando.

    Se estou no momento presente, consigo resolver as coisas que estão no meu controle naquele momento. Focado e atento, dou o meu melhor onde preciso estar. Assim, não abro janelas de pensamento que me deixam ansioso, pensando nas milhares de atividades que tenho que cumprir.

17

A MISSÃO

BF 210196. Esse era o número de identificação que me marcava quando trabalhava nas minas. Esse número me fez entender o quão fundo eu poderia descer. O psicanalista Carl Jung dizia que "qualquer árvore que queira tocar os céus precisa ter raízes tão profundas a ponto de tocar os infernos", e eu senti na pele ao longo da minha vida o céu e o inferno, em diferentes tons e contrastes.

Posso dizer que com aquele número estive no vale e nunca imaginaria que hoje estaria à frente de um grupo de comunicação cujo impacto transcende as fronteiras de Moçambique. Mas a vida não é feita só de vales. Nem só de montanhas. Porque, ao longo da nossa existência, haverá momentos em que não estaremos no auge. E o fato de não estarmos lá não significa que não devemos aspirar àquele momento, já que o fato de apreciar a montanha sem estar nela também é parte da felicidade.

Poderemos ter acesso à tão almejada felicidade quando tivermos a capacidade de compreender que a vida é feita de vales e de montanhas, e que o fracasso muitas vezes faz parte da caminhada do ser humano, assim como o sofrimento. A beleza da vida deve ser vista sob a perspectiva de que, se estivermos no vale ou nas montanhas, é preciso apreciar aquele instante único. Porque, em algum momento, estaremos lá embaixo. E é ali que devemos nos lembrar de que existem as montanhas logo a seguir.

Os vales e as montanhas são fases da nossa vida — para que não possamos nos esquecer da nossa condição humana que nem sempre será capaz de lidar com imprevistos externos ou controlar tudo, como foi no caso da pandemia. E essa dicotomia nos faz enxergar esses momentos.

Todos temos que ser afetados por emoções constantemente — seja nos momentos de tristeza, seja pela derrota ou pelo medo. Seja quando estamos felizes com algum acontecimento que nos toca. E como humanos, estamos na condição de sempre querer ir adiante, seja qual for nosso momento.

Por isso, mesmo quando deixei de ser apenas um número e me tornei um homem cujo nome ficou conhecido por um país inteiro, entendi que mesmo com aquele status eu não poderia deixar a felicidade e o sucesso me cegarem. Quando estamos alegres e não valorizamos a nossa vida, estamos diante de um grande perigo e de uma grande armadilha.

Qualquer ser humano, quando estiver numa onda positiva das coisas, tem esquecimentos e amnésia temporária de tudo aquilo que o levou até ali e acredita que estar no topo é a única coisa que lhe resta até o fim da vida. Pelo contrário: estar no topo é um momento de responsabilidade e reflexão, pois, caso contrário, a emoção pode nos cegar e nos fazer acreditar que aquele sucesso nos define.

Todos nós temos que nos proteger de modo a garantir que o auge não sirva como uma droga que nos afeta a ponto de não nos dar discernimento nem capacidade de enxergar que a vida tem muito mais a oferecer. Não precisamos dos vales para fazermos as reflexões ao longo do caminho. Ao mesmo tempo, não é necessário ficar em estado de alerta ao chegar ao topo imaginando que segundos depois aquilo pode acabar.

Devemos ser consistentes e firmes internamente para que possamos usufruir das montanhas e dos vales com o mesmo estado de espírito. Hoje sei que já fui apenas um número. E resgatar a minha história faz que eu tenha a humildade necessária em todos os instantes da minha vida.

Muitos acreditam que a descida é a fase mais difícil na vida de um empreendedor. No entanto, essas pessoas não se dão conta de que crescer também é perigoso, porque, quando não temos a reflexão dos momentos em que estamos nos vales, não temos maturidade para valorizar nem os momentos de crises, nem os de vitórias.

É preciso celebrar e ter a humildade de sermos ambiciosos sem sermos gananciosos. Para que, caso um dia seja necessário descer ao vale, ganhemos força e sejamos mais resilientes com as ferramentas que nos fazem humanos e que devem ser inalteráveis, estejamos onde estivermos.

Quando nossa essência é a mesma, não importa que nos categorizem com um número e que nos joguem para debaixo da terra. Estaremos livres. Porque sabemos quem é o nosso guia interno e jamais perderemos o norte que nos guia para o topo. Se o seu momento atual é a descida, entenda que ela pode ser necessária vez ou outra para fortalecê-lo. E embora só percebamos isso quando estamos embaixo, conforme começamos a ascender, entendemos que somos o que somos porque somos QUEM somos.

Todos podemos ser maiores. E ter o discernimento da nossa essência é que nos torna resilientes nas subidas e nas descidas da vida. Muitos dizem que o trabalho nos engole. Mas não concordo: é a nossa mente que nos engole. Somos nós que temos dificuldades de dar um tempo no trabalho para nos preenchermos com o amor das pessoas que nos rodeiam.

Hoje eu aprendi que a família não pode ser negligenciada por causa do trabalho, e esse processo de maturidade tem que ser exercitado todos os dias. Mas nossa mente e nossos pensamentos nos traem. Quando meu pai era vivo eu passava para vê-lo aos finais de semana, mas não era com aquela presença efetiva. Foi quando ele ficou doente que todos os filhos ficaram ao seu lado até que ele morresse. Não foi o trabalho que me impediu de estar ao lado dele.

O perigo que temos na vida é a forma como nossa mente nos trai. E ela nos trai dizendo que estamos na montanha ou gritando que estamos no vale. Quem empreende tem carências de várias ordens. São demandas financeiras, de autoestima, de entrega de 24 horas em tantas tarefas que se esquece que o pilar do sucesso também existe na família e no afeto, porque sem aquela triangulação não existimos como pessoas.

Precisamos exercitar todos os dias a condição de sermos humanos. Porque a nossa capacidade de identificar a nossa essência nos fará entender que a vida é uma somatória de processos, e que os altos e baixos fazem parte disso, mas enquanto formos fiéis a nós mesmos, sem mudar nossas características humanas por causa dos fatores externos, estaremos em paz, independentemente das circunstâncias.

Já fui um número. Mas todos nós continuamos sendo um entre bilhões de seres humanos buscando o seu lugar ao sol. Por isso, por mais que você esteja no seu auge, não se iluda: você é apenas um número. Um entre tantos. Honre a sua passagem pelo planeta e viva a sua missão a cada dia, sem tanta presunção de que você é mais especial do que qualquer outro ser humano.

Precisamos exercitar todos os dias a condição de sermos humanos. Porque a nossa capacidade de identificar a nossa essência nos fará entender que a vida é uma somatória de processos, e que os altos e baixos fazem parte disso, mas enquanto formos fiéis a nós mesmos, sem mudar nossas características humanas por causa dos fatores externos, estaremos em paz, independentemente das circunstâncias.

— Daniel David —

Daniel no quintal de casa, com um ano de idade.

Daniel na
pré-adolescência.

Daniel e Hélia,
na adolescência.

Enoque e Inês,
pais de Daniel.

Passaporte que Daniel usou para ir trabalhar nas minas da África do Sul.

PAISES PARA ONDE É VÁLIDO ESTE DOCUMENTO DE VIAGEM / Countries for which this travel document is valid	**RENOVAÇÕES** / Renewals
África do Sul	ESTE DOCUMENTO DE VIAGEM É VÁLIDO ATÉ: / This travel document is valid until:
VALIDADE DO DOCUMENTO DE VIAGEM / Validity of the travel document	____ DE ____ DE 19 ___
31 de Agosto de 1987	ASSINATURA / Signature
ENTIDADE EMISSORA / Issuing authority	ESTE DOCUMENTO DE VIAGEM É VÁLIDO ATÉ: / This travel document is valid until:
Graças P. Jacas	
DATA DE EMISSÃO / Date of issue	____ DE ____ DE 19 ___
07 de Agosto de 1985	
(signature)	ASSINATURA / Signature
ASSINATURA DA ENTIDADE EMISSORA / Signature of issuing authority	

B 045129

Casamento de Daniel
e Hélia, em julho
de 1990.

As filhas Sheila (à esquerda) e Lara (à direita) celebram as bodas de prata de Daniel e Hélia, em julho de 2015.

Daniel ao lado dos amigos
Regina Casé e Geraldo Casé,
em uma festa privada no
Rio de Janeiro.

Daniel na redação do
Grupo Soico.

Daniel no estúdio
de televisão do
Grupo Soico.

Daniel dirigindo uma
reunião na Soico.

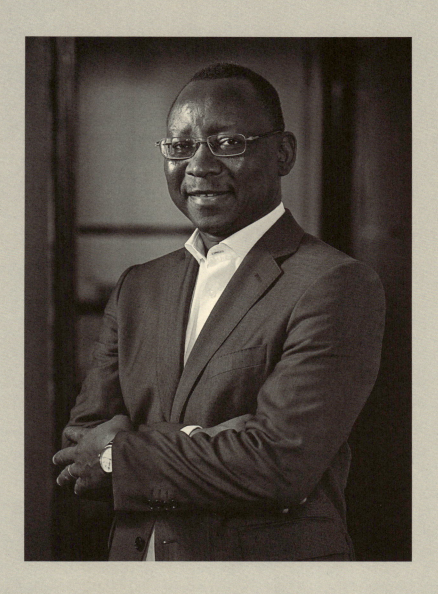

Daniel firme na conquista dos seus sonhos.

Fontes FREIGHT, FRANKLIN GOTHIC
Papel PÓLEN BOLD 90 G/M²
Impressão IMPRENSA DA FÉ